LA CITÉ

Notre époque s'est découvert une nouvelle passion : l'intolérance.
Sur les réseaux et les plateaux, on criminalise celui qui ne pense pas comme nous. On le dénonce, on veut l'empêcher de parler.
Il est urgent de recréer un espace où puisse se tenir la rencontre sereine et exigeante des idées.
C'est tout le sens de cette collection d'essais des Presses de la Cité.
Poser les bonnes questions (même si elles dérangent), respecter les faits, ouvrir des perspectives : telle est la ligne de conduite de La Cité.
En un mot, raviver la liberté de l'esprit.

DANS LA MÊME COLLECTION

Mathieu Laine, *Infantilisation*, 2021

Mathieu Bock-Côté, *La Révolution racialiste et autres virus idéologiques*, 2021

Ferghane Azihari, *Les Écologistes contre la modernité. Le Procès de Prométhée*, 2021

Didier Pourquery, *Sauvons le débat. Osons la nuance*, 2021

Mathieu Slama, *Adieu la liberté. Essai sur la société disciplinaire*, 2022

Anne de Guigné, *Le Capitalisme woke. Quand l'entreprise dit le bien et le mal*, 2022

SAPIENS ET LE CLIMAT

DU MÊME AUTEUR

Leurs Quatre Vérités (sous le pseudonyme d'Olivier Girard), Stanké, 1977

Danemark, Seuil, coll. « Petite Planète », 1982

Le Taon dans la cité. Actualité de Socrate, Descartes & Cie, 1994

Le Grand Gâchis. Splendeur et misère de la science française, Eyrolles, 2002

La Revanche du chromosome X. Enquête sur les origines et le devenir du féminin, JC Lattès, 2007

La Comédie du climat. Comment se fâcher en famille sur le réchauffement climatique, JC Lattès, 2015

Socrate. Du bon usage de l'esprit critique, Books éditions, 2019

Olivier Postel-Vinay

SAPIENS ET LE CLIMAT
Une histoire bien chahutée

Les Presses de la Cité

92, avenue de France – 75013 Paris
ISBN 978-2-258-20093-7
Dépôt légal : septembre 2022

Olivier Postel-Vinay, longtemps rédacteur en chef du magazine scientifique *La Recherche*, est le fondateur et directeur du magazine *Books*, et membre du comité scientifique du magazine *L'Histoire*. Il a publié *La Comédie du climat. Comment se fâcher en famille sur le réchauffement climatique* (JC Lattès, 2015).

À David

Mes remerciements vont d'abord à Thierry Grillet, qui a cru à ce projet dès les premiers instants, et à Sofia Bengana, qui a fait confiance à Thierry. Ensuite à Google Scholar, géniale innovation ; à la version anglaise de Wikipédia, pas toujours fiable ni cohérente et parfois biaisée mais souvent remarquable ; aux paléoclimatologues qui ont ces dernières années révolutionné leur discipline, et aux historiens qui leur ont emboîté le pas. Et enfin à Catherine, qui a généreusement toléré mes accès de claustrophilie.

Sommaire

Avant-propos

Où l'on confirme que le genre Homo est né des entrailles d'une improbable déesse du changement climatique ; ce qui permet d'introduire le propos de ce livre.

Voilà déjà longtemps que les chimères du passé ont commencé à me hanter.

Ivan BOUNINE, *Printemps éternel*, 1923

Homo est né à la faveur d'un changement climatique. Ce n'est pas une grande nouvelle. Popularisée dès les années 1980 par le paléontologue français Yves Coppens, l'idée est étayée par les travaux les plus récents. Causalité ou simple corrélation ? Beau sujet de débat, que l'on retrouvera au fil du présent essai. Depuis Coppens la discussion s'est beaucoup enrichie, en raison des nouvelles techniques d'exploration des climats anciens et des progrès de la génétique. Enrichie et passablement compliquée. Si l'on est loin de bien comprendre ce qui s'est passé, il est bon d'en saisir les grandes lignes. Un refroidissement progressif de la surface de la Terre s'est engagé vers 45 millions d'années (soit 20 millions d'années après l'extinction des dinosaures). Ce refroidissement conduit vers 10 millions à la formation de la calotte glaciaire antarctique puis, vers 2,75 millions, à celle de calottes glaciaires au-delà du cercle polaire arctique. Entre ces deux moments les continents achèvent de se rapprocher de leur configuration actuelle et l'Afrique orientale continue de s'élever, formant un écosystème dans lequel la forêt tend à faire place aux savanes. Après quoi le climat de la Terre s'engage dans des variations profondes et de longue durée qui forment des cycles glaciaires d'une durée moyenne de 41 000 ans.

Coppens avait une vision encore assez simple de cette époque : « Il s'agit globalement d'un rafraîchissement et localement d'un coup de sécheresse », résume-t-il en 2006. Nous le savons aujourd'hui, en Afrique orientale c'est de nombreux « coups de sécheresse » qu'il s'est agi, et des plus sérieux, des « méga-sécheresses » pouvant durer des millénaires. Les Grands Lacs se sont taris à répétition. L'hypothèse dominante actuelle est que les maigres populations d'australopithèques apparues vers 5 millions d'années ont été confrontées à une série de stress de grande ampleur, amenant les survivants à s'isoler dans des zones de refuge – un isolement propice aux mutations génétiques.

De fait, et pour aller vite, Homo habilis émerge vers 2,4 millions d'années. Le processus se serait répété, conduisant à l'apparition d'Homo erectus vers 1,9 million d'années. Sans doute à la faveur de périodes interglaciaires, Habilis et Erectus sont sortis d'Afrique. Des fossiles d'Habilis ont été trouvés dans le Caucase. Erectus est allé jusqu'en Chine et en Indonésie. Mais c'est en Afrique qu'il a le plus clairement poursuivi son évolution, inventant vers 1,7 million d'années la pierre à dépecer, soigneusement taillée en biseau, puis vers 1 million d'années le contrôle du feu et, grâce à Dieu, la cuisine. Tel est du moins le schéma le plus souvent retenu.

Or à ce moment survient un nouveau changement de régime climatique. Les cycles glaciaires se font encore plus brutaux et durent plus longtemps : d'un rythme de 41 000 on passe peu à peu à un autre de l'ordre de 100 000. En Afrique orientale, le stress intense des sécheresses provoquées par ces allers et retours entraîne de nouveaux chocs démographiques propices aux innovations génétiques. « Tel est le monde qui a façonné l'humanité dans sa forme finale, la nôtre, écrit l'historien du climat John Brooke : une évolution stimulée par des goulots d'étranglement, probablement pilotée par des changements climatiques extrêmes et abrupts. »

D'après les dernières estimations, notre ami Sapiens fait son apparition vers 230 000 ans, dans une période très chahutée sans doute marquée par d'intenses méga-sécheresses en Afrique orientale.

Une histoire critique des changements climatiques

Dans ce livre je laisse de côté ce qui s'est passé avant Sapiens pour me concentrer sur les relations entre le climat et l'homme dit moderne depuis ses premiers vagissements voici donc plus de 200 000 ans, à l'époque d'une pierre encore sommairement taillée, jusqu'au Sapiens des satellites et du Web aux prises avec le réchauffement actuel. Un Sapiens passé de quelques centaines ou milliers d'individus à 8 milliards.

Deux bonnes raisons au moins en ont justifié l'écriture.

La première est que nous en savons considérablement plus qu'il y a seulement vingt ans. Aux outils de plus en plus performants développés par les paléoclimatologues s'ajoute l'intérêt croissant des historiens. Le nombre de spécialistes impliqués dans ces recherches a explosé. Toute une série de revues savantes ont vu le jour et les livres de haut niveau sont légion – vite obsolètes à certains égards mais riches d'enseignements. Le savoir s'accumule et aussi se défait, les scénarios jugés hier les plus sûrs se voyant contestés, parfois renversés au profit d'autres dont beaucoup subiront le même sort. C'est un sujet en ébullition, marqué par des débats excitants, souvent déroutants et parfois féroces. Je mets ici ma modeste expérience de journaliste scientifique au service d'une entreprise de vulgarisation au sens classique du terme. Sans oublier les leçons tirées de mes erreurs (j'invite celui qui n'en a pas commis à venir me voir). Et en gardant toujours à l'esprit un souci de clarté susceptible de toucher un public non spécialisé.

La seconde raison est qu'une meilleure compréhension de l'impact des climats du passé sur la condition humaine nous éclaire sur ce qui a lieu aujourd'hui. L'entreprise est délicate, car les passions sont vives et comme toujours sur les questions importantes beaucoup de gens bien intentionnés croient savoir alors qu'ils ne savent pas (Socrate dixit). Par-delà l'essai de vulgarisation, ce que je propose est une histoire critique des changements climatiques, invitant à un regard critique sur les débats contemporains.

Bien que puisé aux meilleures sources, ce que j'écris est forcément partiel, j'espère pas trop partial, en tout cas appelé à évoluer au fil des nouvelles découvertes et interprétations. Je suis joignable à olivpv@outlook.fr.

I

AVANT SOCRATE

1

Le premier dessin

Ou comment Sapiens affronta les premières méga-sécheresses de son histoire, faillit en perdre le souffle mais en fit son miel.

Que sont les annales humaines au regard des temps sans témoignages ?

Maurice MAETERLINCK,
Le Double Jardin, 1904

Lovés dans l'interminable faille du Rift africain, où s'ébaucha l'aventure humaine, deux lacs gigantesques situés dans le prolongement l'un de l'autre au sud de l'équateur méritent notre attention. Le Tanganyika s'étend sur 800 kilomètres, le lac Malawi sur 580. Ils sont très profonds : jusqu'à près de 1 500 mètres aux points les plus bas pour le Tanganyika, près de 700 dans le bassin central du Malawi. À eux seuls ils contiennent de nos jours plus de 80 % de l'eau douce en surface du continent africain. Or, à un moment où Sapiens première manière existait déjà depuis quelques dizaines de millénaires, ces lacs ont perdu à deux reprises plus de 95 % de leur eau. La première fois, ils sont restés à cet étiage plusieurs milliers d'années. La seconde, pendant 20 000 ans. Ces sécheresses inconcevables (que dirait-on aujourd'hui ?) comptent parmi les premières catastrophes climatiques majeures auxquelles Sapiens a été confronté. Elles ont concerné une bonne partie de l'Afrique tropicale, de l'océan Indien jusqu'à la côte atlantique allant de la Guinée à l'Angola actuels. Le stress subi par les petits groupes de Sapiens vivant dans cette immense région s'est traduit par des migrations forcées et sans doute une réduction sensible des populations, si peu nombreuses fussent-elles. C'est vers cette époque que l'on recense les premiers réfugiés climatiques de notre histoire ; non dans des camps mais dans des grottes du littoral sud-africain.

À vrai dire, les chasseurs-cueilleurs qui parcouraient le nord du continent n'ont guère été mieux servis. La région était sous l'emprise de profonds allers et retours du climat saharien. Plusieurs périodes d'extrême aridité se sont installées durant plusieurs millénaires, rendant l'ensemble de cet immense espace aussi inhabitable que la région des Grands Lacs – à l'exception de certaines zones côtières et de la vallée du Nil.

« Longtemps avant Jésus-Christ »

Avant d'entrer dans le vif du sujet, un petit exercice que je ne crois pas inutile. Il concerne les échelles de temps. Dans un film culte au pays d'Astérix, *La Cité de la peur,* une voix off annonce : c'était « aux alentours de longtemps avant Jésus-Christ ». La formule est naïve, mais comme l'observait l'anthropologue Alain Testart, « les vues naïves peuvent contenir leur part de vérité ». De fait, même si le progrès des recherches ne cesse de resserrer la focale, les échelles de temps dont il s'agit dans ce chapitre et les cinq ou six qui suivent sont beaucoup plus difficiles à se représenter que les musées d'histoire naturelle et les livres et articles de vulgarisation ne permettent de le croire. Malgré l'apparente familiarité de tout ce qui relève de l'humain, les temps de la préhistoire (si l'on accepte ce terme aujourd'hui controversé) rappellent ceux qui nous séparent des autres galaxies : un au-delà de l'imaginable.

Un seul exemple. On pense aujourd'hui que les peintures de Lascaux ont été réalisées il y a un peu moins de 20 000 ans. J'essaie de me représenter ce que ces 20 000 ans signifient. La seule manière concevable est de me rapporter à des échelles de temps qui me sont familières. Ainsi du siècle. Napoléon était un vulgarisateur de talent : « Soldats, songez que du haut de ces pyramides, quarante siècles vous contemplent » (quarante-trois siècles, en réalité). Encore les soldats avaient-ils à faire un peu de calcul mental : quarante siècles, c'est deux fois la distance qui les séparait du fondateur de leur religion, Jésus-Christ. Aujourd'hui les scientifiques, qui ont pris à cœur de ne pas choquer les non-chrétiens, préfèrent gommer la référence à Jésus-Christ et dire « avant le présent ». Ce faisant, ils nous enlèvent, à nous les profanes, un précieux outil de représentation. D'autant que le « présent » en question est le plus souvent (pas toujours…) fixé à 1950 (après Jésus-Christ !), date dont nous nous éloignons année après année. D'autres scientifiques se rangent à l'expression « avant l'ère commune », mais on voit mal ce qu'elle a de commun. Je me suis demandé quelle solution adopter. Pour m'amuser, je me suis d'abord dit que je remplacerais « avant Jésus-Christ » par « avant Ponce Pilate », « av. P.P. » au lieu d'« av. J.-C. ». Et puis l'idée m'est venue de donner un peu plus de sens à l'exercice. Les dates évoquées dans la première partie de ce livre ne seront pas rapportées à Jésus-Christ mais à Socrate – pour simplifier à 400 « av. J.-C. », un an avant le procès et l'exécution du philosophe. Après tout, Jésus-Christ n'est que le fondateur d'une nouvelle religion. Socrate, lui, symbolise l'avènement de la principale césure de l'histoire culturelle de Sapiens : la proposition de faire du bon usage de l'esprit critique la valeur suprême. Un choix moins suspect d'occidentalisme qu'on pourrait le penser : Tchouang-tseu est contemporain de Platon. Préférer « av. S. » à « av. J.-C. » a deux autres vertus. Les 2 400 ans qui nous séparent de cette date sont une assez bonne unité de temps pour évoquer certains changements climatiques. Ensuite, et j'admets que c'est un peu paradoxal, les

400 ans qui séparent les deux dates nous obligent à penser le temps autrement que ce à quoi nous sommes accoutumés.

Imaginons maintenant une unité de référence de 2 400 ans et appliquons-la à Lascaux : cela donne huit à neuf fois la distance qui nous sépare de Socrate. Supposons, à l'inverse, que nous prenions une unité de référence très courte mais plus palpable, celle de génération. Pour Chateaubriand, une génération « est de trente-trois années : la vie du Christ » (décidément !). Les dictionnaires contemporains emboîtent le pas : « Il y a environ trois générations par siècle » (Larousse). Mais bien sûr la durée varie selon la société et l'époque. Pendant la plus grande partie de l'histoire de Sapiens, la bonne unité de mesure serait plutôt 25 ans, voire 20. Si l'on garde un généreux 30 ans, un peu plus de sept générations nous séparent de Napoléon, 80 de Socrate, 650 de Lascaux…

95 fois la distance qui nous sépare de Socrate

Or, pour évoquer ce dont je vais parler maintenant, il nous faut faire un bond supplémentaire, jusqu'à 95 fois la distance qui nous sépare de Socrate (95 fois 2 400, pour simplifier). Et naviguer dans des échelles de temps dont l'instrument de mesure est plutôt 12 000 ans que 2 400. Autrement dit, cinq fois la distance qui nous sépare de Socrate. Ce n'est pas sans intérêt pour mon entreprise, car du point de vue du climat, 12 000 ans est un bon outil mnémotechnique : c'est à peu près la durée écoulée de notre interglaciaire.

Pourquoi 95 fois la distance qui nous sépare de Socrate ? Parce que l'étape 230 000 ans représente un bon point de départ pour évoquer l'obscure histoire de l'émergence de Sapiens. Bien qu'un premier crâne comportant des traits de notre style inimitable, trouvé au Maroc, soit daté de 300 000 ans, les spécialistes pensent aujourd'hui voir notre premier ancêtre direct incontestable dans des fossiles datés d'environ 233 000 ans avant le présent, autrement dit 230 600 avant Socrate. Ils ont été découverts près de la bien nommée rivière Omo, dans le Rift est-africain, mais beaucoup plus au nord que les lacs Tanganyika et Malawi : au sud de l'actuelle Éthiopie, non loin du lac Turkana. À ce moment la Terre vit une période interglaciaire, relativement mal connue, du type de celle que nous connaissons aujourd'hui. Il fait quand même un peu plus frais, le volume des deux calottes glaciaires est un peu plus gros et le niveau de la mer un peu plus bas. Dans l'Est africain, le climat semble favorable. Cependant, à partir de 190 000 la Terre entre dans une nouvelle période glaciaire. En Afrique tropicale cela va se traduire peu à peu par une sécheresse croissante, au point de provoquer à quatre reprises le quasi-assèchement des Grands Lacs. Le pic des deux premiers épisodes a lieu vers 168 000 puis 143 000 av. S. Les deux épisodes suivants s'étalent sur plusieurs millénaires à partir de 133 000 puis de 110 000. Entre les deux intervient une nouvelle période interglaciaire, la dernière avant la nôtre.

Première civilisation ?

C'est dans la grotte de Pinnacle Point, sur la côte sud-africaine, que l'archéologue américain Curtis Marean a identifié les premiers réfugiés climatiques jamais recensés. Les restes humains les plus anciens remontent à 160 000 av. S. À ce moment le niveau de la mer est environ 100 mètres plus bas qu'aujourd'hui. Bien arrosé, le littoral sud-africain offre une flore abondante et des fruits de mer à foison. À cette date très lointaine, les Sapiens archaïques qui occupent de temps à autre la grotte de Pinnacle Point sont capables de traiter par le feu de petites lames de pierre dont ils bardent leurs sagaies. Ils gravent et moulent de l'ocre rouge, ce qui témoigne de facultés symboliques. D'autres réfugiés sont certainement arrivés par la suite. Vers 108 000 av. S., quand les lacs africains sont à nouveau à sec, des occupants de cette même grotte étendent leur consommation de coquillages à des espèces accessibles seulement à grande marée, dans un environnement dangereux. Pour ce faire, ils exploitent les cycles de la Lune. Ils tuent des phoques et découpent la viande de baleines échouées. Le sol est riche de tubercules et bulbes divers d'espèces aisément comestibles, que l'on peut déterrer à l'aide d'un bâton avant de les cuire. Comme le souligne Marean, ces activités peuvent être assurées par les femmes autant que les hommes. La population des chasseurs-cueilleurs du littoral sud-africain s'accroît et tend à se sédentariser.

Et vers 71 000 av. S. on assiste à une véritable explosion culturelle. Le plus représentatif est la grotte de Blombos, explorée par l'archéologue sud-africain Christopher Henshilwood. C'est là qu'a été trouvé le premier dessin de l'histoire de l'humanité, tracé avec un crayon d'ocre rouge. Des anthropologues y voient la première manifestation de l'esprit religieux – je leur laisse la responsabilité de ce jugement. De jolis petits coquillages, de taille soigneusement choisie, sont percés d'un trou au même endroit, pour en faire l'équivalent de nos colliers ou bracelets de perles. On voit aussi des poinçons pour percer le cuir des peaux de bêtes et de longues pointes d'os savamment travaillées pour servir de projectiles. Des « microlithes », éclats de pierre de moins de quatre centimètres de long et d'un centimètre de large, traités à la chaleur et retouchés, servent à fabriquer des outils et des armes composites. Se fondant sur les caractères de certains de ces microlithes, des chercheurs pensent même qu'à la fin de cette période Sapiens avait acquis l'usage de l'arc et des flèches (peut-être empoisonnées), une technologie à laquelle l'homme de Neandertal, alors présent en Europe et en Asie, n'a jamais eu accès. La chose serait avérée vers 62 000 av. S., moment auquel on trouve aussi de multiples œufs d'autruche aménagés en gourdes, certains gravés comme pour indiquer leur propriétaire. Aux yeux de certains spécialistes, ces humains qui habitent la côte sud-africaine à cette époque sont pleinement « modernes sur le plan cognitif », en ce sens qu'ils ne nous paraîtraient pas incongrus si nous les rencontrions dans le métro. Une proposition sympathique bien que non aisément démontrable.

Cédant peut-être à une pointe d'allégresse, je vois dans la culture de Blombos et d'autres abris sud-africains la première civilisation de notre long périple. Chose curieuse, elle a fleuri dans le sillage d'une gigantesque éruption volcanique surgie vers 72 000 av. S., celle du volcan Toba à Sumatra. Une éruption proprement monstrueuse. On en estime la puissance à douze fois environ celle du mont Tambora en 1815, aussi en Indonésie, cause de l'« année sans été » qui affectera l'hémisphère Nord en 1816 et dont je reparlerai. Des spécialistes ont avancé que cette éruption a plongé une bonne partie de la planète dans un « hiver volcanique » qui durant plusieurs années aurait bouleversé la faune et la flore et, incidemment, durement affecté les humains. De fait, de microscopiques échardes de verre issues de l'éruption ont été trouvées jusque dans les sites archéologiques de la côte sud-africaine. Bien que le sous-continent indien ait été enveloppé d'une épaisse couche de cendres, cette thèse est vivement contestée par d'autres, qui ne voient pas d'« effet Toba » dans plusieurs régions du globe et soulignent que l'éruption a eu lieu précisément au moment où se déclenchait le dernier âge glaciaire. Au moins faut-il en conclure que le changement climatique qui s'est produit à cette époque n'a pas nui à Sapiens. On pourrait au contraire soutenir qu'il a stimulé son esprit, conduisant aux innovations recensées dans cette région lors des millénaires qui ont suivi. La question reste ouverte, mais nous verrons par la suite que parfois dans notre histoire un puissant stress climatique est corrélé à de surprenantes avancées culturelles.

2

Comme les babouins

Ou comment Sapiens deux fois sapiens, venu de la côte sud-africaine, a profité d'un changement climatique pour sortir d'Afrique, vers 58 000 avant Socrate.

Il est déraisonnable de tenter de reconstituer des enchaînements causaux qui expliquent une histoire à partir des seuls faits archéologiquement attestés.

Alain TESTART, *Avant l'histoire*, 2012

Il faut attendre 2 270 ans après la mort de Socrate pour voir avancer l'idée que l'Afrique est le berceau de l'humanité. Elle a été formulée pour la première fois par un certain Charles Darwin, en 1871. Dans son second ouvrage magistral, *The Descent of Man* (« La lignée humaine », pour prendre une traduction exacte), il écrit ceci : « Dans chaque région du monde les mammifères sont étroitement apparentés aux espèces éteintes de la même région. Il est donc probable que l'Afrique a été habitée dans le passé par des grands singes aujourd'hui disparus apparentés au gorille et au chimpanzé ; et comme ces deux espèces sont maintenant les plus proches parents de l'homme, il est probable que nos ancêtres ont vécu sur le continent africain plutôt qu'ailleurs. » Il faudra attendre 1925, avec la découverte controversée d'un premier australopithèque, pour voir l'idée refaire son chemin. Et de longues décennies avant qu'elle acquière le statut de certitude scientifique. Mais quand et dans quelles conditions Sapiens est-il sorti d'Afrique ?

Ce qu'on sait depuis peu, c'est que les variations climatiques ont joué un rôle critique. Dans un contexte marqué par les cycles de sécheresses sévères évoquées au chapitre précédent, Sapiens a profité de périodes de climat plus favorable. Une première fenêtre s'ouvre avec le dernier interglaciaire, survenu voici quelque 130 000 ans, entre les deux catastrophes ayant abouti à l'assèchement des Grands Lacs et à un moment où le Sahara verdoyait. La seconde fenêtre s'ouvre vers

60 000 ans, à l'issue d'une autre période de sécheresse. C'est de cette seconde sortie d'Afrique que, pour l'essentiel, nous sommes issus.

Des hippopotames dans la Tamise et au Sahara

Le dernier interglaciaire avant celui dans lequel nous vivons est un événement pour l'histoire de Sapiens. On l'appelle l'Eemien, du nom de la rivière hollandaise Eem, aux environs de laquelle le phénomène a été pour la première fois identifié. On le situe aujourd'hui dans un intervalle allant en gros de 127 000 à 114 000 avant Socrate. Il est l'objet de recherches intensives, car dans la majeure partie du globe il faisait plus chaud qu'aujourd'hui, alors bien sûr qu'il ne pouvait être question de réchauffement dû aux activités humaines. Des pans entiers des calottes glaciaires du Groenland et de la partie ouest de l'Antarctique se sont effondrés. En été, la banquise de l'océan Arctique a disparu. Des hippopotames qu'aucun gardien de zoo ne soigne se prélassent dans la Tamise. Dans les Alpes suisses la température affiche 4 °C de plus qu'aujourd'hui pendant près de quatre millénaires, 2 °C de plus pendant les dix millénaires suivants ; les glaciers alpins ont probablement disparu. Quant au niveau de la mer, il est monté de plus de cent mètres, jusqu'à six à neuf mètres au-dessus du niveau actuel. En Afrique, le Sahara s'est humidifié. Couvert de végétation, il est ponctué de lacs et de rivières. On a retrouvé des squelettes d'hippopotames dans le massif actuellement désertique de l'Aïr. Pour les humains, c'est une période bénie. Celui que nous appelons non sans quelque fatuité Sapiens sapiens, deux fois sapiens, autrement dit nous, n'existe sans doute pas encore. Il s'agit de Sapiens archaïques mais avec déjà de remarquables compétences, évoquées au chapitre précédent à propos de la grotte de Pinnacle Point sur la côte sud-africaine. Certains de ces Sapiens archaïques profitent de cette fenêtre climatique exceptionnelle pour sortir d'Afrique. Bien qu'on en ignore les détails, c'est assez facile à concevoir, car le Sahara verdoyant est aisément franchissable, de même que le désert du Sinaï. Sur les côtes nord de la mer Rouge, vers 125 000 av. S., des Sapiens dévorent des palourdes géantes, au point d'entraîner ce que des spécialistes ont appelé la première « dégradation anthropogénique d'un massif corallien ».

De plus, contrairement à ce qui s'est passé dans la région des Grands Lacs, après une période d'une dizaine de millénaires marqués par un retour de l'aridité, le nord de l'Afrique et le Proche-Orient renouent avec l'humidité pendant vingt-cinq millénaires, de 103 000 à 78 000 av. S. environ, ce qui rend possibles d'autres excursions hors d'Afrique.

Des Sapiens pas encore très sapiens

Il n'est donc pas très étonnant de voir en Israël des restes humains datant de cette (longue) époque. Dans la grotte de Qafzeh, un enfant de dix ans, daté d'environ 90 000 av. S., est enterré en position repliée dans une tombe rectangulaire creusée dans la roche. Une ramure de daim est posée sur sa poitrine. Des coquillages troués servent clairement d'ornements. On a aussi exhumé dans l'actuel désert du Nefoud, dans le nord-ouest de la péninsule arabique, des traces de pas remontant à l'époque de l'enfant de Qafzeh et un doigt de Sapiens datant de 86 000 ans av. S. L'environnement est celui d'un lac d'eau douce où vaquent des hippopotames en compagnie de buffles d'eau. On a aussi déterré sur la côte méridionale de l'Arabie et jusqu'au détroit d'Ormuz, en face de l'Iran, des pierres taillées signalant la présence de Sapiens lors de l'Eemien. Il est concevable, estiment des chercheurs, que certains de ces chasseurs-cueilleurs aient franchi le détroit de Bab el-Mandeb, au sud de la mer Rouge, au début de l'Eemien, lorsque le niveau de la mer était très bas (en raison de la période glaciaire précédente).

La question de savoir si les Sapiens d'Israël ou ceux d'Arabie ont laissé des descendants reste ouverte. Peut-être ont-ils disparu en raison de la nouvelle période de sécheresse entraînée par l'installation à partir de 73 000 av. S. d'une nouvelle période glaciaire – qui va durer jusqu'à notre interglaciaire, en place depuis près de 10 000 ans. Mais, qu'il s'agisse de ceux-là ou d'autres, il semble bien établi que des Sapiens sortis d'Afrique à la faveur de l'Eemien et dans l'intervalle humide qui a suivi après 103 000 ont essaimé jusqu'en Asie. On a trouvé des restes de Sapiens archaïques datant de ces époques sur plusieurs sites en Chine ; d'autres s'étalent entre 103 000 et 73 000 sur le sous-continent indien et en Indonésie. À noter que des Sapiens encore plus archaïques sont aussi sortis d'Afrique à la faveur de l'interglaciaire précédent, qui s'est achevé vers 190 000 avant Socrate.

Si l'on parle de Sapiens « archaïques », c'est en raison tant des caractères des (rares) restes fossilisés retrouvés que des indices culturels présents à leurs côtés, en particulier les outils. Mais désormais la biologie moléculaire a aussi son mot à dire. Or au terme de travaux d'une grande sophistication les généticiens ont abouti ces dernières années à une série de conclusions majeures, que l'on peut résumer assez simplement : 1) tous les humains actuels descendent d'ancêtres archaïques qui vivaient en Afrique vers 200 000 ans ; 2) vers 130 000 existaient en Afrique deux groupes d'hommes considérés comme modernes au plan anatomique, les ancêtres des populations San et Khoï (Hottentots) et les ancêtres de tous les autres ; 3) c'est vers 58 000 av. S. que certains de ces derniers sont sortis d'Afrique pour finir par peupler le reste du monde. Or à ces trois conclusions s'en est récemment ajoutée une autre, avancée par l'équipe portugaise de Teresa Rito et Pedro Soares. C'est un « signal génétique clair » d'une migration à partir des côtes sud-africaines vers le nord et jusqu'en Afrique orientale entre 68 000 et 58 000 av. S., donc juste avant la période sur laquelle s'accordent la plupart des généticiens pour dater la sortie d'Afrique. Il se serait ensuivi une expansion démographique en Afrique orientale, la région qui semble avoir servi de point de départ.

Autrement dit, ce pourrait bien être la culture très avancée des refuges de Blombos et d'autres sites sud-africains qui aurait constitué le berceau de l'humanité moderne. Cela peut sembler paradoxal, car comment comprendre que nos ancêtres sortis d'Afrique venaient du point le plus éloigné de ce vaste continent ? C'est qu'à l'argument génétique s'en ajoutent deux autres. D'abord, on l'aura deviné, le climat : quelques millénaires après l'éruption du volcan Toba, une période humide tout à fait inhabituelle a relié l'Afrique australe à l'Afrique tropicale, ouvrant la possibilité d'une migration du sud vers le nord (à condition tout de même de pouvoir traverser le Zambèze). Le niveau des lacs est-africains avait bien remonté. L'autre argument se nourrit de nouvelles fouilles archéologiques : la technologie microlithique très avancée constatée en Afrique du Sud à partir de 68 000 – 65 000 av. S. se retrouve peu après en Afrique orientale (Tanzanie et Kenya).

Ont-ils franchi la mer Rouge ?

Ce scénario est certainement susceptible d'évoluer, d'autant que des découvertes récentes témoignent de l'existence d'une société peut-être aussi avancée que sur la côte sud-africaine dans la région alors humide du Kalahari, au sud du Zambèze, aux alentours de 100 000 ans av. S. Mais quel que soit leur point de départ, il reste à établir par où ces modernes Sapiens sont effectivement passés pour sortir d'Afrique. Deux écoles s'affrontent, dont les arguments se réfèrent surtout aux évolutions du climat. On a vu qu'au moment de l'Eemien Sapiens a pu sortir d'Afrique soit par le delta du Nil et le Sinaï, pour arriver en terre d'Israël, soit en franchissant le détroit de Bab el-Mandeb, au sud de la mer Rouge, pour rejoindre la côte méridionale de l'Arabie. L'un n'exclut pas l'autre et la même question se pose pour la sortie d'Afrique de Sapiens deux fois sapiens aux alentours de 58 000 av. S. La route du nord est à première vue la plus logique, puisqu'il n'y a pas de mer à traverser, et elle a de vibrants supporters. Un élément récemment apporté à l'appui de la thèse est la découverte d'un crâne de Sapiens évolué, comparable à ceux de Cro-Magnon, dans la grotte de Manot en Galilée, daté de 58 000 à 47 000 av. S. Selon les auteurs de la découverte, il serait issu d'une population venue soit du Maghreb, soit de la vallée du Nil, lors d'une période relativement chaude et humide dans cette région. Le problème est que d'après les données récentes la période s'étendant en gros de 63 000 à 53 000 av. S. correspond à une forte expansion du Sahara ; le climat aride a abouti à la désertion de l'intérieur du nord de l'Afrique. Un coup de froid subit survenu précisément en 58 000 av. S. a accentué la détérioration du climat. Le passage par le Sinaï était peut-être devenu impraticable. Quant aux tenants de la route du sud, ils ne peuvent pas se fonder sur des restes d'humains fossilisés car on n'en trouve pas dans la péninsule arabique après le doigt de 86 000. Mais leurs arguments n'en sont pas moins stimulants. De nombreux outils de pierre rappelant ceux de la côte est-africaine ont été retrouvés en Arabie. Vers 58 000 av. S., le niveau de la mer était de plusieurs dizaines de mètres inférieur au niveau actuel, réduisant ainsi beaucoup la durée de la traversée. Or on constate qu'en période de très basses eaux même les babouins hamadryas pouvaient franchir le détroit. De plus, dans cette zone, le climat était alors humide, contrairement à ce qui se passait plus au nord. Visible depuis la côte est-africaine, celle du Yémen paraissait verte.

Cela dit, comme lors du premier *out of Africa*, il n'est pas interdit de penser que Sapiens ait emprunté à la fois la route du nord et celle du sud. N'oublions pas les distances : les Sapiens qui pouvaient s'être réfugiés sur le littoral nord-africain aux alentours du delta du Nil étaient à 2 500 kilomètres de ceux qui arpentaient les alentours du détroit ; les uns et les autres ignoraient tout de ce qui pouvait se passer chez leurs frères. Les tenants de la route du nord observent que des conditions humides s'étaient rétablies vers 53 000 av. S., ce qui reste dans la fourchette des datations retenues pour la grotte Manot. Un site Sapiens a d'ailleurs été identifié dans le Sinaï vers 50 000 av. S. Les tenants de la route du sud font valoir qu'une fois sur le littoral de l'Arabie méridionale, il était naturel de poursuivre son chemin le long des côtes, jusqu'en Asie. Si l'on n'a pas trouvé de traces de leur passage, c'est qu'elles ont été effacées par la remontée du niveau de la mer.

Une invite à l'humilité, pour finir. L'anthropologue Alain Testart souligne une réalité dérangeante : c'est que pour les sociétés nomades ou semi-nomades qui ont existé dans ces temps reculés, l'essentiel des dynamiques à l'œuvre nous restera à jamais invisible. Quels que soient les stupéfiants progrès des disciplines scientifiques qui nous permettent aujourd'hui de raconter cette histoire, les données accumulées ne forment que la partie émergée d'un iceberg dont la profondeur et la structure ne peuvent que nous échapper. Il en va de même pour le chapitre suivant, où l'on raconte comment le piège du climat va se refermer sur les Sapiens arrivés en Europe.

3

La Dame de Brassempouy

Ou comment Sapiens, ayant brillamment disposé de son cousin Neandertal, inventa la religion et l'aiguille pour affronter des changements climatiques d'une brutalité insensée.

La réalité, toujours bien plus complexe
que les conceptions que l'on s'en forme.

Henri BREUIL et Raymond LANTIER
Les Hommes de la pierre ancienne,
2e édition, 1959

Faisant allusion aux *Histoires comme ça* de Kipling, le paléontologue Stephen Jay Gould se moquait des *just so stories* échafaudées par les scientifiques. Pas si facile d'éviter ce travers, tant la tentation est grande d'expliquer l'inexplicable en s'appuyant sur des faits jugés à tort ou à raison incontestables. Et l'histoire des récentes découvertes ou réinterprétations de données anciennes rend modeste : à propos de la grave question de savoir si Sapiens et Neandertal ont efficacement copulé, un éminent spécialiste pouvait écrire en 2009 que les « données nouvelles » issues du croisement entre études génétiques, chronologiques et morphologiques avaient « éliminé » cette hypothèse « au-delà de tout doute raisonnable ». Hélas pour lui et la majorité des préhistoriens, qui partageaient ce point de vue, le progrès de la génétique allait peu de temps après apporter un cinglant démenti. Nous le savons aujourd'hui, nous avons hérité de gènes néandertaliens, en raison sans doute d'une longue cohabitation entre les deux sous-espèces au Proche-Orient, avant l'arrivée de Sapiens dans ce cul-de-sac du continent asiatique qu'on appelle Europe.

Mais ce cher Sapiens, qu'est-il allé faire dans cette galère ? S'il avait su… Toujours très africain, habitué des pays chauds, il a bravement franchi le Bosphore, alors à sec en raison du niveau de la mer, environ 80 mètres au-dessous de l'actuel. Au vu des restes fossiles les plus récemment découverts ou réanalysés, on situe cet exode (peut-être plusieurs) aux alentours de 43 000 avant Socrate. Profitant d'un répit de l'âge glaciaire, passant par la vallée du Danube, il s'installe dans le sud de l'Allemagne, dans le Jura souabe, et jusqu'en Espagne et en Angleterre, que l'on pouvait rejoindre à pied sec. Passant peut-être par une autre voie, d'autres atteignent la région des Pouilles, à l'extrême sud de l'Italie. D'autres encore suivent la côte de la mer Noire et gagnent la Russie.

Un Serengeti de l'âge de glace

À cette époque il y avait encore en Europe des groupes de Néandertaliens. Toutes sortes d'hypothèses continuent d'être agitées pour expliquer la disparition d'une espèce présente en Europe depuis quelque 200 000 ans. Une chose est sûre : confronté aux facultés intellectuelles et aux savoir-faire de Sapiens, Neandertal ne faisait pas le poids.

D'après les données très précises fournies par les forages dans les glaces du Groenland (merveille du progrès scientifique), l'épisode tempéré dont Sapiens a profité a pu avoir lieu vers 41 000 av. S.

Ce que notre ancêtre ignorait, c'est qu'il bénéficiait d'une parenthèse dans une période glaciaire déjà bien installée et qui allait se révéler proprement effroyable. Pendant les vingt-huit millénaires qui suivent, Sapiens sera confronté à une invraisemblable série d'allers et retours du climat – jusqu'au moment où un premier réchauffement majeur, daté exactement de 12 300 av. S., annonce l'arrivée de notre interglaciaire. Près de vingt-neuf millénaires d'un chaos climatique sans précédent, caractérisé par des périodes glaciales parfois longues de plusieurs millénaires, interrompues au total par neuf épisodes de réchauffement de durée plus courte.

Pour reprendre les termes d'un géologue américain, Sapiens au paléolithique a survécu aux changements climatiques les plus brutaux que la planète ait connus au cours des deux derniers millions d'années.

Les périodes tièdes se déclenchent rapidement. Il s'agit de réchauffements soudains et très prononcés : de 5 °C à 16 °C en quelques décennies, donc sans commune mesure avec celui que nous connaissons et envisageons pour le prochain siècle. Lors des périodes froides, les arbres, quand il y en a, laissent la place à une toundra sèche, propice à la chasse aux grands mammifères : bison, rhinocéros laineux, aurochs, cheval, sans oublier le renne, omniprésent, et bien sûr le roi de la steppe, le mammouth. Le préhistorien François Bordes, auteur de science-fiction à ses moments perdus, parlait d'un « Serengeti de l'âge de glace ». En hiver ou dans les périodes de plus grand froid, les bandes de Sapiens qui survivent en Europe occidentale se réfugient dans les vallées de la France méridionale et du nord de l'Espagne, qui servent aussi de havres aux arbres et aux animaux. Mais même dans ces vallées la température moyenne en hiver est d'environ 10 °C inférieure à l'actuelle. Dans les périodes suivant un réchauffement, le climat devient aussi plus humide et la forêt regagne du terrain, au point parfois de recouvrir une bonne partie de l'Europe. La composition du gibier et les conditions de chasse en sont modifiées.

Découper un renne en dix minutes

Un point d'orgue : l'avènement vers 24 000 av. S. de trois millénaires d'une crise majeure marquée par des froids extrêmes. Une bonne partie de la France se compare au nord de l'actuelle Sibérie, avec permafrost et blizzard. Des glaciers recouvrent les hauteurs du Massif central et des Pyrénées. Les Landes sont une toundra arbustive et les mammouths eux-mêmes, nonobstant leur vilain clapet anal censé les protéger du froid, se réfugient en Espagne. Les populations animales s'effondrent et les humains éprouvent ce que les généticiens appellent un goulot d'étranglement démographique. Comme sans doute à l'époque de Chauvet, qui est en Ardèche, les Sapiens qui résistent se réfugient dans le sud de la France, dans des vallées encaissées au sud-ouest et au sud-est du Massif central ainsi que sur la côte nord-atlantique de l'Espagne (le Pays basque). Il semblerait que les grottes soient alors gelées ou trop froides pour y peindre.

Dans la grotte de Combe Saunière, en Dordogne, des archéologues français ont mis au jour un témoin du froid intense : les os d'un harfang des neiges, rapace de la toundra arctique dont le plumage varie selon les saisons, devenant totalement blanc en hiver. S'affiche aussi dans cette grotte un arsenal d'innovations. Les pointes de silex pour les armes de jet ont subi un traitement thermique sophistiqué. Fixée sur un manche, la pointe en feuille de laurier, qui rappelle certaines pointes de la côte sud-africaine 45 000 ans plus tôt, « permet de découper un renne entier en dix minutes, ce qui est particulièrement avantageux quand il fait si froid que la viande risque de geler », relève l'archéologue Jean-Michel Geneste. La faim conduit à casser les plus petits os des rennes pour en sucer la moelle.

Cette crise dite du solutréen annonce les millénaires du « maximum glaciaire », entre 23 000 et 16 000 – au sein duquel se situent les fresques de Lascaux. Plaçons-nous à ce moment, aux alentours de 18 000 av. S. Paradoxalement, cette période est un peu moins froide que la précédente. Mais on estime que le nord-ouest de l'Europe est resté complètement abandonné entre 21 000 et 13 000 av. S. À 19 000, une calotte glaciaire allant jusqu'à 3 kilomètres d'épaisseur recouvre encore non seulement la majeure partie de la Scandinavie mais les trois quarts de la Grande-Bretagne. La Manche est une steppe irriguée par un fleuve. La côte a reculé à des dizaines de kilomètres à l'ouest d'Ouessant. Le niveau de la mer est de 130 mètres au-dessous du niveau actuel. La neige couvre les sols six mois de l'année au nord d'une ligne allant de la Bretagne au Danube. La population totale de l'Europe, qui connaît des hauts et des bas, compterait alors moins d'une centaine de milliers d'âmes.

Au plus profond des grottes

C'est dans ce contexte chaotique que s'inscrit le stupéfiant art pariétal, qui couvre la quasi-totalité de cette ère, soit un millier de générations ou encore douze fois la distance qui nous sépare de Socrate. Les grottes dites ornées ne sont pas des lieux de vie. Sans qu'on sache précisément ce que signifie le monde animalier ainsi représenté, l'art pariétal avait manifestement une fonction magique, de caractère religieux. Une interprétation séduisante est celle de spécialistes de l'histoire longue des mythes, qui savent aujourd'hui en tracer les arbres généalogiques. Sapiens aurait hérité de ses ancêtres africains l'idée que les premiers hommes et animaux vivaient autrefois sous terre et qu'un beau jour, résume l'anthropologue Jean-Loïc Le Quellec, « ils en sont sortis en passant par l'ouverture d'une grotte ». Les Picasso chamanes qui ont peint les fresques de Chauvet avaient-ils en tête une histoire de ce genre ? Les hommes dits de Cro-Magnon dessinent jusqu'au plus profond des grottes, parfois à des centaines de mètres de l'entrée, se frayant un passage par des boyaux minuscules.

Quarante mille ans après les gravures et dessins sur ocre de Blombos, les premières représentations figuratives de Chauvet sont les plus anciennes trouvées en Europe. Elles remontent à 34 000 av. S. environ. D'emblée cet art religieux est pleinement abouti : l'art et la religion sortent de la cuisse de Jupiter. Mais on peut supposer que bien d'autres peintures pariétales les ont précédées, qui n'ont pas été retrouvées. On en a découvert en Indonésie (de moindre talent) datées de près de 42 000 av. S. Et, en Europe, Chauvet suit d'environ quatre millénaires la première sculpture connue, une figurine en ivoire de mammouth représentant un homme-lion, découverte dans le Jura souabe, au débouché de la route du Danube. La tête de l'homme-lion représente un fauve alors bien présent en Europe, le lion des cavernes, également dessiné à Chauvet. Ce félin venu d'Afrique lors d'un interglaciaire, qui s'était adapté au froid, était plus grand et puissant que son actuel cousin.

Quand Picasso vit Lascaux, il s'exclama : « Nous n'avons rien inventé ! » Il aurait été encore plus surpris par Chauvet, qui témoigne, 16 000 ans plus tôt, d'un art aussi achevé. Les spécialistes ont tendance aujourd'hui à rejeter l'idée que l'homme de Chauvet témoigne d'une nouvelle évolution du cerveau de Sapiens, qui le distinguerait nettement de ses ancêtres putatifs de Blombos. Mais en réalité, rien n'interdit de le penser. Le fait que les généticiens n'en aient pas trouvé de traces ne prouve rien. Il y a loin de Blombos à Picasso, alors que notre proximité avec Chauvet ou Lascaux est universellement ressentie.

La faune de Chauvet reflète une période froide, celle de Lascaux une période intermédiaire. Il est concevable que les 158 mammouths de la grotte de Rouffignac, en Dordogne, témoignent de la migration de ces mastodontes vers l'Espagne, vers 22 000 av. S., ou de leur retour en masse vers le nord, vers 17 000, quand le climat s'est nettement réchauffé. Vers cette date, la grotte de Las Chimeneas, près de la côte cantabrique espagnole, ne représente que des animaux de climat tempéré. Mais il est concevable que certaines fresques comme les bisons d'Altamira (la « chapelle Sixtine de la préhistoire ») ou ceux de Niaux reflètent une nouvelle période de grands froids, aux alentours de 15 000 av. S. Les deux ou trois millénaires qui suivent sont ceux de la toute fin de l'art pariétal en Europe. Il aura duré 22 000 ans, soit neuf fois la distance qui nous sépare de Socrate. Comme l'observe l'archéologue britannique Steven Mithen, c'est de loin la plus longue tradition artistique de l'histoire de Sapiens.

Résiliences

Il faut être prudent quand on parle d'innovations, car leur sens peut nous échapper. Certaines ont une fonction clairement pratique, comme l'aiguille à chas, dont les premiers spécimens, datés de 28 000 av. S., ont été trouvés à 400 kilomètres au sud de Moscou. Elle a permis de coudre des peaux de bêtes pour s'en couvrir et faire des tentes. Les premiers témoignages de tissage remontent à 30 000 av. S., ceux de la fabrication de paniers et de filets à 24 000 – soit 15 000 ans avant l'agriculture. Des plaines de l'Ukraine à la Sibérie centrale, les énormes os de mammouth servent dès cette époque à construire des habitations. Celles de Mejyrich, en Ukraine, édifiées 10 000 ans plus tard, peu avant la fin de l'ère glaciaire, ont nécessité les restes de 95 mammouths. De l'époque glaciale du solutréen date le propulseur, un outil en os permettant d'ajouter de la puissance au lancer d'un javelot. Le harpon se répand à la fin de la période ; il s'agit sans doute d'une réinvention, car des harpons étaient déjà attestés à 88 000 ans aux alentours d'une rivière du Rift africain. Fabriqués en bois, les arcs sont périssables et aucun n'est attesté en Europe avant le début de l'holocène mais cela ne prouve pas qu'il n'y en avait pas avant et certains archéologues, au vu des lames du solutréen, sont persuadés qu'ils ont été inventés ou réinventés à cette époque.

Comme l'art pariétal, d'autres innovations relèvent des (nouvelles ?) facultés symboliques de Sapiens. Lors d'un intermède doux remontant à environ 30 000 av. S. ont été enterrés à 200 kilomètres à l'est de Moscou un homme d'une soixantaine d'années et deux enfants d'une dizaine d'années, parés entre autres de plus de seize mille perles en ivoire, dont un archéologue a estimé qu'elles ont représenté neuf mille heures de travail. Comme quoi les sociétés hiérarchiques n'ont pas attendu l'agriculture et les cités pour s'instituer. Dans cette tombe ont aussi été retrouvées deux lances faites de défenses de mammouth redressées au feu. Un travail d'artisan consommé mais aussi d'artiste, de même que les superbes aiguilles à chas trouvées à Combe Saunière. Dans cette grotte ont aussi été exhumées des pendeloques fabriquées à partir d'os hyoïdes de cheval, prélevés à la base de la langue ; elles sont « incisées sur leur pourtour et enduites d'ocre rouge vif ».

Datant de la veille du solutréen, une statuette de femme aux seins lourds et aux hanches larges a été exhumée près de Brno, dans l'actuelle République tchèque. Chose extraordinaire, elle est faite en céramique, une innovation restée sans lendemain jusqu'aux premiers temps de l'agriculture. De cette époque mais au sud-ouest de la France datent deux très belles petites sculptures en ivoire de mammouth. La dame dite « à la capuche », trouvée à Brassempouy en bordure sud des Landes, est considérée comme la plus ancienne représentation d'un visage humain. Elle est d'une grande beauté. La seconde, appelée par antiphrase la Vénus de Lespugue, n'a rien d'une Vénus. Elle représente de manière très stylisée une femme mûre, ayant connu plusieurs maternités. Digne d'un magistral sculpteur cubiste, elle a été trouvée dans une grotte de Haute-Garonne, non loin du site de Brassempouy.

Il est frappant que le premier instrument de musique découvert précède Chauvet. C'est une flûte en os de cygne trouvée dans une grotte du Jura souabe. Elle est contemporaine de l'homme-lion, la première sculpture. D'autres flûtes comparables, un peu plus tardives, ont été dénichées dans la grotte d'Isturitz, dans le Pays basque français. Curieusement, c'est aussi à partir d'os d'oiseaux que les flûtes de Caral, la première civilisation sud-américaine, ont été conçues ; c'était vers 2 500 av. S., soit 35 000 ans plus tard ; il ne s'agissait pas de cygnes mais de condors et de pélicans.

4

Jardins d'Éden

Ou comment Sapiens, ayant vécu un premier âge d'or, en vécut un second, après avoir essuyé un enfer. Et inventa l'agriculture, au Proche-Orient comme en Chine.

Il est certain, par le témoignage
des livres sacrés, que le paradis terrestre
était en Asie, et que l'Asie était
un continent habité avant le déluge.

BUFFON, *Histoire naturelle*

Les grands froids ont moins affecté le Proche-Orient que l'Europe. Lors d'un épisode chaud survenu en plein cœur du « maximum glaciaire », vers 17000 avant Socrate, en Galilée orientale, sur les bords du lac de Tibériade, campent des Sapiens bien mieux lotis que leurs cousins d'Europe. Ils évoluent dans une steppe arbustive parsemée de céréales sauvages, de légumes comme les pois et les lentilles, ainsi que de lin. Il y a des figuiers et des oliviers. Premières faucilles – en pierre, s'entend. Ils chassent à l'arc la gazelle, présente en abondance, mais aussi l'âne et le lièvre et, plus loin sur les hauteurs, le daim et la chèvre. Leurs flèches sont équipées de minuscules pierres coupantes, ou microlithes, comparables à celles utilisées quelques millénaires plus tôt par les chasseurs du solutréen en Europe et des dizaines de millénaires plus tôt par les Sapiens sud-africains. Ils pêchent au filet. Pour se loger ils se contentent de huttes faites de végétaux et de peaux. Vers l'ouest, une forêt de chênes, dont ils peuvent récupérer les glands et où ils chassent l'aurochs et le sanglier, les sépare de la Méditerranée. L'hiver, ils peuvent se réfugier plus à l'est, dans l'actuelle Jordanie, où des oasis ponctuent le désert, attirant les gazelles. Pour autant qu'on le sache, ce sont les premiers Sapiens à avoir utilisé des pierres plates comme mortiers pour écraser le grain – encore sauvage. Ils utilisent des bols en bois. Faux départ : il faudra attendre encore près d'une dizaine de millénaires avant que l'agriculture prenne vraiment son essor.

Un réchauffement aux effets planétaires

Après une nouvelle période froide se produit un soudain réchauffement aux effets planétaires, le Bølling, vers 12 300 av. S. Au Proche-Orient s'installe pendant 1 500 ans un petit paradis – du moins si on se réfère aux époques précédentes. Dans un environnement plus chaud et surtout plus humide, les chênes gagnent l'ensemble de la région, mêlés de pistachiers, d'amandiers et de poiriers. Dans les zones découvertes abondent navets, crocus et muscaris mêlés au blé, à l'orge et au seigle sauvages. La population croît rapidement et, au lieu de continuer à se déplacer de saison en saison, commence à se sédentariser. De premiers petits villages ou hameaux apparaissent, à la lisière entre la forêt dense à l'ouest et la steppe arborée à l'est. Avec les premières maisons : un espace rond creusé dans le sol, conforté par de bas murs de pierres sèches et surmonté d'un toit de broussailles et de peaux tenant sur des pieux. Les habitants, grands et en bonne santé, ramassent des plantes dans des paniers d'osier. Ils pilent céréales et fruits secs sur des mortiers de tailles diverses, en bois et en pierre, certains creusés dans la roche. Premiers indices de stockage de la nourriture. Glands et amandes sont transformés en farine et en pâte. Des galettes sont cuites sur des pierres chaudes. Deux innovations décisives : le pain, attesté sur au moins un site, et la faucille en pierre polie, dont le manche en os est parfois décoré de dessins géométriques, voire sculpté en tête de gazelle. Des archéologues pensent avoir mis en évidence la production de bière. Une vraie civilisation ? Une belle culture, en tout cas, dite natoufienne, du nom d'un cours d'eau près d'un site israélien. Les morts sont enterrés dans des tombes parfois individuelles, dans le sol de la pièce principale de la maison. Les cadavres sont ornés de colliers et bracelets faits à partir d'os de gazelle et de coquilles de dentales, mollusques oblongs de la taille d'un couteau, peut-être ramassés sur les bords de la mer Rouge par des habitants de l'actuel désert du Néguev, alors une steppe. Une femme âgée est enterrée la main posée sur un chiot en position endormie. Le chien, premier animal domestiqué.

En Europe le réchauffement du Bølling pourrait avoir été ressenti de manière encore plus vive, car on passe presque sans transition d'un climat très froid à un climat tiède. En quelques décennies, la température moyenne au cœur de l'hiver, qui était de l'ordre de –15 °C à –25 °C, grimpe de 20 °C. Quant à la température moyenne au cœur de l'été, elle augmente d'une dizaine de degrés en Europe du Nord. En Angleterre, elle passe de 10 °C à 20 °C. La mer avait commencé à remonter vers 18 000 av. S., car le pic du dernier âge glaciaire avait été atteint et, en dépit d'un nouvel épisode froid vers 16 000-15 000, la lente tendance au réchauffement qui a abouti à notre interglaciaire s'était engagée. Mais au Bølling le niveau de la mer monte de 14 à 18 mètres en 340 ans, soit une hausse de l'ordre de 40 à 50 mm par an : plus de dix fois le rythme actuel. Pas assez vite, cependant, pour empêcher Sapiens de revenir s'installer en Angleterre, après une absence de près de 10 000 ans. Il s'y rend *pedibus cum jambis*, car on peut toujours aller à pied sec de Calais à Douvres et tout le sud de la mer du Nord est une terre émergée.

Les rennes, qui dominaient la faune européenne depuis deux cents siècles, disparaissent du paysage et se réfugient dans le Grand Nord, où vous pouvez toujours leur rendre visite. Les mammouths, rhinocéros laineux et autres mégalocéros (cerfs géants) disparaissent. Les lemmings, qui pullulaient, laissent la place aux souris. L'Europe va peu à peu se couvrir de forêts, d'abord de bouleaux, de pins, de noisetiers et d'aulnes, puis de chênes, de tilleuls, de hêtres. Au sud-ouest, les Landes, jusqu'alors couvertes d'une toundra arbustive, se revêtent de pins, comme aujourd'hui. Au sud-est, les pins parasols déploient leur ombrage.

Ponctuées de prairies, les forêts sont habitées par des chevaux, des cerfs, des chevreuils, des aurochs, des sangliers. Habitué jusqu'ici à trucider les rennes lors de leurs migrations annuelles, Sapiens chasse à l'arc un gibier désormais sédentaire. Profitant d'une nature plus généreuse, il diversifie son régime alimentaire. Plus omnivore que jamais, il déterre des tubercules, cueille noix, châtaignes et pignons. Il utilise des pierres plates pour écraser les fruits de ses cueillettes ; on trouve des indices de stockage de la nourriture, facteur de sédentarisation.

Un cataclysme glacial

Et puis voilà : que ce soit en Europe ou au Proche-Orient, les deux millénaires de climat agréable inaugurés par le Bølling sont brutalement interrompus. Un véritable retour à l'ère glaciaire, marqué par un froid rigoureux en Europe, moins rigoureux mais très sensible au Proche-Orient, où le régime des pluies change entièrement. C'est la période baptisée dryas, plus exactement dryas récent, du nom d'une petite fleur des pays froids, aujourd'hui la fleur nationale de l'Islande, dont les formes fossilisées ont servi de marqueur climatique. Le dryas se déclenche vers 10 360 av. S. et va durer plus d'un millénaire – la distance qui nous sépare de Charlemagne.

En dépit de deux brèves parenthèses pendant lesquelles les températures en Europe avaient à nouveau plongé, suffisamment pour modifier la flore, le Bølling avait inauguré deux millénaires de climat tempéré, assez semblable au climat actuel. Le dryas réduit à néant les bienfaits de cet optimum. Le froid rigoureux et sec qui s'installe rappelle les pires moments de l'ère glaciaire. Les forêts disparaissent, à nouveau remplacées par la toundra. Des glaciers se reforment en Écosse. Aux Pays-Bas, la neige peut tomber de septembre à mai et la température en hiver descend régulièrement au-dessous de –20 °C. En Europe centrale, les chevaux meurent, les rennes reviennent. Les Landes se couvrent de neige une partie de l'année. Menacé d'extinction, Sapiens abandonne à nouveau l'Angleterre, mais aussi les Pays-Bas, la Belgique et le nord de la France.

Au Proche-Orient, la civilisation natoufienne, qui s'était épanouie pendant un millénaire et demi, se délite. L'impact du dryas est sans doute d'autant plus sensible que la population vivant dans cette région – allant en gros du sud d'Israël au nord-ouest de la Syrie – avait sensiblement augmenté pendant cette longue période de conditions optimales, entraînant une surexploitation de l'environnement. De fait, au fil du temps les natoufiens chassent un gibier de plus en plus petit ; les grands animaux se font rares. Le paysage ayant au fil des siècles de nouveau pris les allures d'une steppe, il n'est plus question d'exploiter les céréales sauvages – sauf peut-être dans la vallée du Jourdain. Dans certaines zones, les gazelles ne trouvent plus à se nourrir et meurent. Les villages sont abandonnés et une partie de leurs habitants, surtout dans le Sud, reviennent aux pratiques nomades des chasseurs-cueilleurs. Ils souffrent de carences alimentaires, leur taille diminue et la population décroît. Mais Sapiens fait aussi preuve de ses facultés d'adaptation. Dans le désert du Néguev, des natoufiens redevenus nomades inventent une nouvelle pointe de flèche. D'autres, au nord et à l'est, s'installent dans les vallées des affluents de l'Euphrate et du Tigre, sur les pourtours de la future Mésopotamie. C'est aussi le moment où l'île de Chypre reçoit ses premiers habitants – à l'aide d'embarcations dont on ignore tout.

Le premier temple

Ce formidable coup de ciseaux s'achève vers 9 300 avant Socrate, après douze années d'une sécheresse particulièrement intense. C'est alors, précisément, que s'ouvre notre ère, l'holocène. Le réchauffement est aussi rapide (peut-être plus) et prononcé qu'à l'avènement du Bølling. Il est possible que la hausse ait été ressentie d'une génération à la suivante. De l'ordre de 20 °C dans l'hiver européen, elle est proche de 7 °C au Proche-Orient, moins froid. Les rivières et les lacs se gonflent, la végétation reverdit, les forêts repoussent, les animaux pullulent. Cependant, ce à quoi l'on assiste n'est pas seulement la répétition de ce qui s'est passé dans les 1 500 ans qui suivent le Bølling. Le réchauffement est appelé à durer, et même à s'accentuer. S'inaugure une période très particulière, dont nous vivons encore les effets. Une période incroyablement stable au regard des soubresauts de l'âge glaciaire. C'est à ce moment que s'établit durablement le climat méditerranéen, avec ses chênes verts, ses oliviers et ses figuiers, ses étés bleus et ses hivers pluvieux. Et au Proche-Orient le petit paradis qu'ont connu les natoufiens reprend ses droits. Nul ne l'ignore, c'est là que va se sculpter peu à peu le berceau de la civilisation occidentale.

« L'oasis de Jéricho est telle qu'on imagine le Jardin d'Éden », écrit dans les années 1950 Kathleen Kenyon, l'archéologue britannique qui y a fait les principales découvertes. En Galilée, près d'une source, le lieu avait déjà été fréquenté par des natoufiens. Après la fin du dryas, un premier village s'installe. Animaux, plantes et fruits à foison… Quelques centaines d'années après la fondation du premier village, quand Jéricho est déjà une bourgade, elle se garnit sur un flanc d'un épais mur d'enceinte, atteignant jusqu'à cinq mètres de haut, bordé d'un fossé, et d'une tour ronde monumentale, aujourd'hui encore haute de neuf mètres, munie d'un escalier intérieur. « Dans sa conception et sa construction cette tour ne déparerait pas l'un des plus grandioses des châteaux médiévaux », écrit Kenyon.

Dans toute la région dite du Croissant fertile, qui s'étend du Néguev aux monts Zagros (à l'est du Tigre, dans l'Iran actuel), l'exploitation des céréales sauvages s'intensifie. Pilons et mortiers de belle taille sont retrouvés à proximité de villages constitués de maisons rondes en murs de briques et aux toits de roseaux liés à l'argile. Et la vie collective s'enrichit, ce dont témoignent les premiers édifices construits non pour l'habitation mais pour un usage communautaire. Certains ont les dimensions d'une simple demeure. La tour de Jéricho en est un exemple plus majestueux et, au nord-ouest du Croissant fertile, dans le sud de l'actuelle Turquie, c'est un véritable temple qui est édifié, le premier jamais construit par Sapiens.

Confrontés aux rigueurs du dryas, des humains avisés s'étaient réfugiés dans les vallées fluviales des contreforts du Taurus. À Göbekli Tepe, sur un haut plateau dominant les sources d'un affluent de l'Euphrate, on a identifié et en partie exhumé une vingtaine d'enclos de 10 à 30 mètres de large dans lesquels sont érigés des piliers en forme de T, pouvant faire six mètres de haut et qui pèsent jusqu'à dix tonnes. On en compte plus de 200. Ils ont été construits entre 9 200 et 8 400 av. S. Avec la tour de Jéricho, ce sont les premiers monuments de notre histoire. Ces piliers portent des sculptures représentant des animaux divers, aurochs, sangliers, panthères, gazelles, ânes, lions, renards, serpents, araignées, scorpions, grues, vautours – tous mâles. Certains de ces animaux semblent plus ou moins imaginaires et rappellent les chapiteaux des églises du Moyen Âge. On voit aussi des bras et des mains ainsi qu'une silhouette d'homme, le pénis érigé. Et de mystérieux pictogrammes, indéchiffrables mais qui évoquent ceux des débuts de l'écriture cunéiforme, apparue six millénaires plus tard dans le sud de la Mésopotamie. Une grande quantité de pierres à moudre le grain, de la taille d'un galet, ont été retrouvées sur le site – signe d'une activité agricole intense, bien qu'il s'agît exclusivement de céréales sauvages. Une multitude d'os brisés afin d'en retirer la moelle indique que des festins cultuels se tenaient sur place – des festins bien arrosés car ces gens avaient aussi réinventé la bière, brassée à partir de céréales sauvages. Contrairement à Jéricho, Göbekli Tepe n'a laissé aucune trace dans nos mémoires. Mais ce complexe de temples montre que Sapiens n'a pas attendu la constitution de sociétés pleinement sédentarisées, agraires et urbaines pour se doter d'une religion organisée, témoin probable d'un pouvoir politique.

Et maintenant, l'agriculture

Le bel holocène a des hoquets. Vers 7 900 av. S., une nouvelle mais brève vague de froid et de sécheresse balaie cette ébauche de civilisation. À nouveau les villages disparaissent. Certains spécialistes pensent pouvoir dater les premiers signes d'une domestication de céréales avant cette vague de froid, vers 8 600 av. S. À l'état sauvage, les grains des épis tombent sur le sol quand la plante est mûre. Le premier pas de la domestication consiste à repérer de rares épis dont les grains ne tombent pas tout seuls et à les planter. À l'état domestiqué, l'épi reste intègre sur la tige jusqu'à l'arrivée du moissonneur : c'est toute la différence. Mais il faut attendre encore un bon millénaire, jusque vers 7 100 av. S., pour constater la banalisation de l'agriculture, avec des communautés vivant dans des maisons désormais rectangulaires. Au Proche-Orient, la domestication des animaux se produit un peu après celle des céréales, avec d'abord les chèvres et les moutons, plus tard les bovins.

On trouve des archéologues pour penser que l'agriculture est née des contraintes imposées par les grands retours du froid, notamment celui du dryas, qui s'achève en 9 100 av. S. Pour mon propos, cependant, le point à retenir est que l'agriculture s'est imposée lors d'un optimum climatique majeur. Cela vaut aussi pour la Chine. Dans le bassin du Yangtsé, les premières traces de riz sauvage récolté apparaissent lors du réchauffement engagé par le Bølling. Elles disparaissent pendant la période froide du dryas. Avec l'avènement de l'holocène, la mousson remonte jusqu'au fleuve Jaune, où pousse le millet. Des villages se forment. Les premiers animaux domestiqués après le chien sont le porc et le buffle. Et, comme au Proche-Orient, riz et millet pleinement domestiqués sont attestés à partir de 7 100 avant Socrate.

C'est aussi l'occasion de dissiper quelques malentendus. Il n'y a pas de lien entre l'invention de l'agriculture et celle de la céramique, laquelle est présente au Japon, en Chine et au Sahara bien avant la domestication des céréales et des animaux. Pas de lien non plus avec l'usage de la pierre polie, présente au Japon dès le plein âge glaciaire. Ni de lien automatique entre la domestication des animaux et leur exploitation pour le trait ou la production de lait et de laine. L'usage du lait n'apparaît au Proche-Orient qu'au cours du septième millénaire avant Socrate, celui de la laine et la traction deux millénaires plus tard. Pas de lien nécessaire non plus entre la domestication des animaux et celle des céréales, comme l'atteste l'expérience saharienne, que je décris plus loin. Ni même de lien obligatoire entre la sédentarisation et l'avènement de la cité, comme l'illustrera bien plus tard le cas de l'Empire mongol. Mais le plus étonnant dans cette affaire est la concordance des temps : l'agriculture surgit au même moment dans deux régions du monde très éloignées l'une de l'autre, sans aucun contact. Pour désigner des innovations comme celle de l'œil chez des espèces animales appartenant à des familles sans lien entre elles, les biologistes parlent de « convergence ». Les phénomènes de convergence existent aussi dans l'histoire de Sapiens, mais il s'agit de convergences culturelles et, pour certaines d'entre elles, le climat est manifestement impliqué.

5

La conquête de l'Est

Ou comment Sapiens, après avoir atteint l'Australie et le Japon en affrontant la haute mer, s'est adapté au grand froid sibérien avant de franchir le détroit de Béring à pied sec et de marcher jusqu'au Chili.

Qu'est-ce qui fait de nous des humains ? Je crois que c'est notre propension innée à la quête.

Charles PASTERNAK,
Quest. The Essence of Humanity, 2003

S'il est difficile de comprendre ce qui a poussé Sapiens à sortir d'Afrique, il est encore plus difficile d'identifier les forces qui l'ont amené, pratiquement dans la foulée, à investir non seulement l'Europe et le Proche-Orient mais aussi l'Asie jusqu'à l'Australie et le Japon, le Grand Nord sibérien puis, via l'Alaska, les deux

Amériques jusqu'en Terre de Feu. On est loin de pouvoir suivre les étapes de cette extraordinaire expansion, car les routes empruntées étaient souvent le long des côtes, où les traces ont été englouties par la montée du niveau de la mer due au grand réchauffement des débuts de l'holocène. Mais les sites exhumés au fil des ans par les archéologues forment un réseau de jalons de plus en plus dense et explicite, enrichi par les analyses génétiques.

La présence de Sapiens est attestée en Australie dès 48 000 ans avant Socrate, en Chine du Nord à 38 000, au Japon et à Bornéo à 36 000, en Tasmanie à 33 000, à Ceylan à 32 000, aux îles Salomon à 30 000, en Sibérie au-delà du cercle polaire à 28 000, au Nouveau-Mexique à 20 000, au Chili à 12 600, en Terre de Feu vers 8 000.

Avant de le suivre en Amérique, arrêtons-nous un instant au Japon ; cela vaut le détour. Un millénaire avant Chauvet, des Sapiens embarquent depuis le sud de la péninsule coréenne avec femmes et enfants sur des esquifs de nature inconnue et rejoignent Kyushu, l'île la plus méridionale de l'archipel. De là ils rejoignent l'île centrale de Honshu et inventent tranquillement le polissage de la pierre. Il s'agit de polir seulement la tranche destinée à couper, mais c'est déjà très remarquable car nous sommes peut-être 20 000 ans avant l'apparition de la pierre polie au Proche-Orient, à l'aube du néolithique, à l'époque natoufienne. Ces pierres sont des obsidiennes, dont certaines sont cherchées dans l'île de Kozu, à plusieurs dizaines de kilomètres des côtes japonaises. Elles forment d'excellents outils pour couper les arbres et travailler le bois ; cassées, elles servent à travailler les peaux, dans un climat sensiblement comparable à celui de l'Europe. Les Japonais de ce paléolithique ancien sont nomades et forment des camps circulaires réunissant une vingtaine de familles.

Toujours au Japon, mais beaucoup plus tard, aux tout débuts de l'holocène, se développe une culture très originale, dite Jômon. Devenus sédentaires, ces chasseurs-cueilleurs-pêcheurs inventent la poterie, la plus ancienne de l'histoire de Sapiens. C'est aussi l'exemple d'une société inégalitaire constituée bien avant le développement de l'agriculture et des cités. Entre-temps le Japon a traversé le maximum glaciaire, des millénaires pendant lesquels on pouvait rejoindre l'archipel à pied sec à partir de la Corée.

Rhinocéros laineux

Le moment du passage en Amérique fait l'objet de controverses plus qu'animées. Il est possible qu'il se soit fait en deux temps, une première fois avant la grande avancée des glaces qui aboutit au maximum glaciaire, donc vers 25 000 av. S., une deuxième fois lors du retrait des glaces qui l'ont suivi, vers 14 000.

L'une des questions à se poser est de savoir comment ces hommes venus d'Afrique ont su s'adapter aux rigueurs du Grand Nord en période glaciaire. Une curieuse étude génétique nous apprend que des poux propres aux humains, qui pondent leurs œufs dans les vêtements, sont apparus vers 68 000 av. S. Cela voudrait dire que les Africains n'ont pas quitté leur continent tout nus. Une hypothèse serait qu'ils ont commencé à confectionner des vêtements après l'éruption géante du mont Toba vers 72 000 av. S., laquelle avait contribué à refroidir l'atmosphère au sud du continent africain au moment même où se déclenchait le dernier âge glaciaire. Les premières chaussures sont attestées à 38 000 en Chine du Nord-Est. Nous avons vu aussi que les premières aiguilles à chas découvertes remontent à 28 000 (au sud de Moscou). Sapiens avait de quoi s'équiper. Et contrairement à ce qu'on serait tenté de croire, le climat de l'âge glaciaire n'était pas forcément plus rigoureux en Sibérie qu'en Europe occidentale. Alors que la majeure partie de celle-ci avait été désertée pendant le maximum glaciaire, les régions s'étendant du Don à la Sibérie orientale sont restées occupées. Et il est probable qu'une période intermédiaire tiède, s'étendant de 30 000 à 27 000 av. S., a été plus prononcée en Sibérie. L'un des sites les plus étonnants est celui trouvé au bord de la rivière Yana, en Sibérie orientale, près de l'océan Arctique, à 500 kilomètres au nord du cercle polaire. Il est daté d'environ 28 000 av. S., soit l'époque d'une deuxième occupation de la grotte Chauvet. On y a déterré deux lances en ivoire de mammouth et une superbe lance biseautée en corne de rhinocéros laineux. Cette vallée était riche en gibier de tout poil et tranchait avec la toundra environnante, car les pollens révèlent la présence de bouleaux et de mélèzes. Il est donc possible que Sapiens ait poursuivi sa route vers l'est, jusqu'à l'actuel détroit de Béring, à 2 000 kilomètres de là. À 26 000 av. S., le niveau de la mer avait beaucoup baissé et le passage à sec, jusqu'alors intermittent, s'est installé pour de bon – jusqu'au début de l'holocène.

Mastodontes

Une fois arrivé en Alaska, Sapiens, faisant route vers le sud, pouvait emprunter deux corridors libres de glace, l'un à l'est des Rocheuses canadiennes, l'autre le long de la côte. Le passage par la côte est le plus probable, à pied sec ou en bateau, car le corridor intérieur était un désert inhospitalier. Les deux corridors se sont de nouveau englacés à 22 000 av. S. ; le côtier s'est rouvert après le réchauffement suivant le maximum glaciaire, vers 13 000 ; celui à l'est des Rocheuses un millénaire plus tard.

Nombre de sites en Alaska et Amérique du Nord sont attestés vers 12 000 et 11 000, témoignant de la venue de Sapiens après le maximum glaciaire ; mais des sites plus anciens, notamment celui du Nouveau-Mexique, daté de 20 000, témoignent d'une migration précédente. Plus au nord, les traces de cette migration ont été effacées par l'avancée de la couverture glaciaire, qui barrait le nord de l'Amérique d'ouest en est.

C'est entre 10 800 et 10 500 av. S., à la fin de la période chaude qui s'est établie en Amérique comme en Europe avant le coup de froid du dryas, que s'est épanouie la célèbre culture dite Clovis, dont les spécialistes pensaient encore il y a peu qu'elle représentait les premiers habitants du « nouveau » continent. Trois siècles durant, bénéficiant d'un climat doux et humide, dans un environnement parsemé de lacs, ces chasseurs-cueilleurs se nourrissent de plantes, de baies, de noix, de poissons, de coquillages et de lapins, qu'ils prennent au filet. Ils fabriquent de remarquables outils en pierre et des pointes de javelot, rappelant l'art du solutréen européen, qui leur facilitent la chasse aux petits mammifères, au caribou et, à l'occasion, au bison géant, au mammouth et au mastodonte, un animal ressemblant au mammouth mais plus élancé et court sur pattes.

La culture Clovis aurait certainement perduré si la vague de froid du dryas récent n'avait pas frappé, ici comme en Europe. La flore et la faune ont brutalement changé. Tous les indices pointent vers une réduction drastique des activités humaines et sans doute des populations en Amérique du Nord pendant les premières centaines d'années de cet événement, déclenché 10 500 av. S. De façon assez frappante, les chasseurs-cueilleurs qui lui survivent sont aussi des innovateurs ; ils introduisent des pierres taillées plus sophistiquées, indentées vers la pointe. Les populations reprennent leur croissance plusieurs centaines d'années avant la fin du dryas – lequel a duré un bon millénaire.

Chasse au wallaby

Ces extraordinaires déplacements migratoires témoignent de notre faculté d'adaptation et de maîtrise d'environnements hostiles ; ils témoignent aussi de l'effet d'aubaine induit par les périodes de réchauffement climatique. Induit parfois, mais pas toujours, on va le voir. Les

Sapiens arrivés en Australie n'ont pas eu à se poser la question, puisque après leur sortie d'Afrique ils n'ont cessé, pour parvenir jusque-là, de rester dans des climats chauds. Comme plus tard au Japon, ils affrontent l'océan. Vers 48 000 av. S., plus tôt peut-être, ils franchissent au minimum 90 kilomètres de pleine mer, sans îles en vue, pour atteindre la Nouvelle-Guinée, alors reliée au continent australien. Ils poursuivent peu à peu leur route vers le sud et au moment de la première occupation de la grotte Chauvet gagnent la Tasmanie, accessible à pied sec.

Située à la latitude de l'île sud de la Nouvelle-Zélande, la Tasmanie est à 1 000 kilomètres de l'Antarctique et la période glaciaire l'a concernée au même titre que l'Europe. À l'époque de Lascaux, un peu comme en Dordogne, les chasseurs-cueilleurs se réfugient dans les vallées. Les restes humains retrouvés témoignent d'une morphologie proche de celle des Inuits, adaptés au froid. Ils chassent au javelot le wallaby, un petit kangourou, et l'été montent sur les steppes des hauteurs. Ils les dépècent à l'aide de couteaux taillés dans le verre volcanique. Comme leurs cousins de l'Europe à l'époque des grands froids, ils cassent les os pour en manger la moelle. Des empreintes de mains d'adultes et d'enfants teintées à l'oxyde de fer et au sang humain se voient sur la paroi d'une grotte. Et puis survient, comme en Europe et en Amérique, mais deux millénaires plus tôt (nous sommes dans l'hémisphère Sud), le réchauffement annonciateur de l'holocène. Désormais copieusement arrosée, la Tasmanie se couvre d'une végétation dense, inextricable, les wallabys se raréfient et ces populations peu à peu disparaissent.

Plus au nord, après des millénaires de sécheresse ingrate à l'époque du maximum glaciaire, une vallée heureuse est décrite en Australie du Sud-Est, vers 14 000 av. S. La rivière qui y coule est habitée d'un « nombre inimaginable de poissons, d'oiseaux et d'invertébrés », note un archéologue. Les alentours arborés pullulent de graines et tubercules de plantes comestibles, de petits mammifères et marsupiaux ; un peu plus loin, mais à portée de flèches, voilà les kangourous et d'autres marsupiaux de bonne taille. Cet endroit est resté privilégié pendant des millénaires. Il est devenu une curiosité au goût du jour, car les chasseurs-cueilleurs qui y habitaient, soucieux de protéger leur oasis, ont pratiqué une radicale politique d'exclusion des étrangers, au point d'aboutir à une forme d'endogamie extrême. Avec des caractères physiques si particuliers qu'un archéologue a cru être en présence de descendants non de Sapiens mais d'Homo erectus.

Blitzkrieg or not blitzkrieg ?

Que ce soit en Australie, en Sibérie ou en Amérique, la question s'est posée de savoir si Sapiens ne doit pas être tenu pour responsable de l'extinction des mammouths et autres grands animaux qui s'est produite après son arrivée. Concernant l'Amérique du Nord, la thèse a été avancée avec passion par l'archéologue américain Paul Martin. Il a défendu toute sa vie l'idée que les hommes de la culture Clovis ont exterminé la mégafaune dans une sorte de « blitzkrieg ». De fait, on a retrouvé douze sites attestant d'un massacre de proboscidiens par des Clovis. Mais ces sites peuvent toujours être interprétés comme une mise à mort d'animaux déjà pris au piège (d'un marécage, par exemple) ; ils ne témoignent pas d'une chasse organisée. Pour les chasseurs-cueilleurs, il était beaucoup plus facile de chasser des animaux petits ou de taille moyenne. En outre les Clovis chassaient aussi le bison, qui a survécu. Et ne chassaient pas le tigre à dents de sabre, qui a aussi disparu, ni le cheval ou le chameau, dont les espèces d'alors se sont éteintes à la même époque. D'où l'idée que le climat, passé très rapidement d'une période douce à une période glaciale, serait en cause. Mais cela n'explique pas que le bison, ou encore le wapiti, l'élan et le grizzli aient surmonté la crise.

En Australie, l'hécatombe s'est produite entre 49 000 et 43 000 av. S. Elle est donc concomitante de l'installation de Sapiens, à une époque où le climat était relativement stable. Mais les humains étaient bien peu nombreux et l'Australie est vaste. Difficile aussi d'expliquer pourquoi deux espèces de kangourou et l'émeu, un grand oiseau incapable de voler, ont survécu.

En Sibérie et plus généralement en Eurasie, le tableau est encore plus complexe. On n'a retrouvé que cinq sites de massacres de mammouths imputables à Sapiens pour tout le paléolithique supérieur, donc une période incomparablement plus longue que celle de la culture Clovis. Le rhinocéros laineux et le lion des cavernes ont disparu, alors qu'ils n'étaient pas chassés. Le changement climatique pourrait être en cause, mais comment expliquer que le cerf géant ait survécu dans la première partie de l'holocène, jusque vers 5 300 av. S. ?

Le cas des mammouths est spécialement troublant. Comme en témoignent leurs déplacements dans la France des grottes ornées, ceux-ci étaient sensibles aux variations climatiques. Non parce qu'ils avaient trop chaud ou trop froid, mais parce que leur nourriture dépendait de l'évolution de la couverture végétale, laquelle pouvait se transformer en quelques centaines d'années en cas de réchauffement ou de refroidissement prolongé. En l'occurrence, les mammouths sont des animaux de la steppe. Si la forêt gagne, ils remontent vers le nord. Le phénomène a été étudié à fond par des spécialistes russes. Les hommes ne sont arrivés dans le Nord sibérien que vers 28 000 av. S. ; encore n'étaient-ils que quelques groupes dispersés sur un immense territoire, où les mammouths prospéraient. Il faut attendre les derniers temps du maximum glaciaire pour voir la densité humaine augmenter, dans les vallées. Or les données suggèrent une augmentation de la population de mammouths dans ces temps-là. Aucun signe d'extermination ni même de chasse organisée. En revanche, à mesure que le réchauffement s'installe, on voit les mammouths remonter vers le nord, jusqu'à se cantonner aux abords de l'océan Arctique, sur la côte et dans ce qui deviendra des îles quand la mer aura bien remonté. L'océan Arctique a manifestement constitué un cul-de-sac. Quand la grande île Wrangel s'est formée, au nord-est de la Sibérie, elle a emprisonné des mammouths. Ceux-ci ont survécu dans ce climat glacial mais au fil des millénaires sont devenus nains, avant d'être sans doute tués avec l'arrivée des humains, beaucoup plus tard, au moment où les Égyptiens édifiaient leurs pyramides.

La principale objection formulée contre la thèse de l'effet principal du réchauffement climatique est que la mégafaune a subsisté lors des réchauffements précédents, en particulier l'Eemien, voici 120 000 ans – un réchauffement plus prononcé encore que celui de l'holocène ou du Bølling-Allerød qui l'a précédé.

C'est là qu'intervient la thèse du « coup de grâce » qui a pu être apporté par Sapiens : selon les chercheurs russes, les réchauffements précédents ont aussi entraîné une très forte diminution de la mégafaune ; elle a su chaque fois se reconstituer, cependant, à l'occasion du refroidissement qui a suivi ; une telle reconstitution aurait été entravée par l'intervention humaine.

Est-ce un détail ? En Afrique la mégafaune n'a jamais été menacée avant le XXe siècle.

6

Crottes de crocodile

Ou comment Sapiens s'installe dans un Sahara humide et verdoyant et y prospère, avant d'en être chassé par le retour du désert. Et trouve refuge dans la vallée du Nil, berceau des pharaons.

Que se réjouissent désert et terre aride,
Qu'exulte et fleurisse la steppe,
Qu'elle porte fleurs comme jonquilles.
ISAÏE, 35,1

C'est bien avant Sapiens mais déjà du temps où certains de ses lointains ancêtres putatifs, encore bien proches du chimpanzé, vadrouillent dans la vallée de l'Awash, au sein de l'actuel désert de l'Afar, dans la corne de l'Afrique. Imaginez : la Méditerranée est à sec ; elle n'est plus qu'une fosse recouverte d'une épaisse couche de sel. Cet événement surprenant s'est produit à plusieurs reprises lors d'une période plutôt courte au regard des temps géologiques, un petit 630 000 ans coincé entre 5,94 et 5,31 millions d'années avant Socrate. Comme la mer n'apportait plus de pluies vers le sud, mais seulement du sable, cela a contribué à former le Sahara. D'autres facteurs étaient intervenus : le lent déplacement du continent africain vers le nord ; un refroidissement progressif de la planète avec accumulation de glaces au pôle Sud puis au pôle Nord, rafraîchissement des eaux de l'océan et renforcement des alizés ; le rétrécissement de la grande mer Thétys au nord-est, dont la Méditerranée est un modeste reliquat ; le soulèvement de l'Afrique orientale, formant une barrière pour la mousson ; celui aussi du plateau tibétain, créant un couloir pour les vents d'est passant par l'Iran et l'Arabie… En tout état de cause, l'immense territoire que nous appelons aujourd'hui le Sahara, du mot arabe *sahra* (« terre désolée »), naguère couvert d'une forêt tropicale humide, a eu tendance à se dessécher, et la tendance s'est accentuée à partir de 2,2 millions d'années. Mais le mot est trompeur, car si aujourd'hui le Sahara est après l'Antarctique le plus grand désert de la planète, couvrant plus de 9 millions de kilomètres carrés (la superficie de la Chine), il a aussi connu à répétition des périodes bien arrosées. Y compris du vivant de Sapiens, et ce à trois reprises.

Éléphants et girafes

Nos ancêtres directs ont vécu une première fois le Sahara « vert » lors de l'interglaciaire précédant le nôtre, cet Eemien dont il a déjà beaucoup été question, favorisant l'une de nos premières sorties d'Afrique. Puis de nouveau entre 103 000 et 73 000 av. S., autorisant de nouvelles sorties d'Afrique. Et enfin dans la longue période dite du « grand optimum », théâtre du présent chapitre et du suivant : depuis les débuts de l'holocène, vers 8 800 av. S., jusque vers 3 100, au moment où prend naissance l'Égypte des pharaons. Venues du sud, les pluies de la mousson l'ont copieusement imbibé, faisant remonter les zones de végétation vers le nord. Qu'on en juge : vers 7 000 av. S., le lac Tchad, aujourd'hui en bordure du Sahara central, a couvert plus de 350 000 kilomètres carrés, la superficie de l'Allemagne.

Parler de Sahara « vert » est un poil excessif : la réalité est qu'il est devenu une savane arborée, comparable à l'actuel Sahel. Lors de chacune de ces transformations, la région était reconquise par les animaux et les humains. Quand la sécheresse revenait, tout ce monde refluait, certains vers le nord et la côte méditerranéenne, d'autres vers le sud et l'actuel Sahel, d'autres encore vers l'est, jusqu'aux côtes de la mer Rouge mais surtout pour rejoindre la vallée du Nil. Heureusement alimenté par les pluies d'Éthiopie, le plus long fleuve de la planète, s'il a connu des périodes d'étiage, n'a jamais cessé de couler.

Les cinq derniers millénaires de Sahara « vert », les plus proches de nous, sont décrits avec une précision croissante par les archéologues. Il faut se représenter un paysage non seulement de savane, mais ponctué de quantité de lacs, certains temporaires, d'autres pérennes, de cours d'eau et même de fleuves le traversant du sud au nord, se jetant dans la Méditerranée. Comme de nos jours dans les parcs nationaux qui attirent les touristes en Afrique orientale et méridionale, se promenaient éléphants, girafes, antilopes et rhinocéros, tandis que se prélassaient hippopotames et crocodiles. En témoignent les fossiles mais aussi les nombreuses gravures et peintures rupestres. Les lacs regorgeaient de tortues et de perches dites du Nil, des poissons pouvant atteindre deux mètres de long. Les conditions de vie étant devenues favorables, d'innombrables sites préhistoriques ont mis au jour une population devenue sédentaire ou quasi sédentaire.

Harpons et hameçons en os

Faisons redéfiler le film depuis le maximum glaciaire. Vers 18 000 av. S., le désert s'étend très loin vers le sud, jusqu'à la latitude des villes actuelles de Ouagadougou et de N'Djamena, interdisant toute occupation. Les lacs et la faune ont disparu, seules subsistent ici ou là des antilopes spécialisées, les addax. Après quoi le Sahara connaît en gros le même effet de ciseaux que l'Europe et le Proche-Orient. À la faveur du Bølling, vers 12 200 av. S., le désert se couvre à nouveau de végétation, les animaux reviennent et Sapiens suit le mouvement. Il arrive de partout, de la vallée du Nil, des forêts ouest-africaines et des régions méditerranéennes. Après quoi frappe l'épisode du dryas récent, aux conséquences aussi radicales au Sahara qu'en Europe : 1 300 années de froid et surtout d'une sécheresse aussi prononcée que pendant le maximum glaciaire. Les hommes repartent ; seuls subsistent quelques groupes réfugiés dans des vallées de montagne et des oasis alimentées par les eaux souterraines.

L'optimum climatique qui s'installe avec l'holocène est lui-même interrompu aux alentours de 6 200 av. S. par un nouvel épisode prolongé de froid et de sécheresse, moins violent que le précédent mais suffisant pour faire disparaître les populations de nombreuses zones d'occupation. À l'épicentre du Sahara, le lac d'Adrar Bous s'assèche pendant mille ans. On le sait par l'étude des pollens et aussi, plus original, par l'analyse au carbone 14 des restes fossilisés de crottes de crocodile. À 500 kilomètres au sud d'Adrar Bous, près d'un autre lac disparu, le site de Gobero a révélé le plus ancien cimetière du Sahara et surtout le plus longtemps utilisé. On connaît la date d'enterrement des corps grâce à la thermoluminescence, qui permet de savoir quand un grain de sable a cessé de recevoir la lumière du soleil. À Gobero, donc, on repère une première période d'occupation à partir de 7 300 av. S. Ce sont des Sapiens de grande taille, solidement charpentés, qui vivent de chasse, de pêche et de cueillette. Plus ou moins sédentaires, ils pêchent au harpon (en os de mammifère) et à l'hameçon (en os de poisson). Ils fabriquent déjà de la poterie. Il y avait là des figuiers, témoins d'une prodigieuse avancée de la végétation méditerranéenne. Mais ici comme à Adrar Bous, le lac s'assèche complètement vers 6200 et cette population, répandue à l'époque dans une bonne partie du Sahara central et méridional, s'évanouit. Gobero reste désert pendant un millénaire. Vers 5200 le lac se remplit à nouveau et attire des humains bien différents. Beaucoup plus petits et graciles, avec une autre forme de crâne, ils apportent des bovins, dont ils boivent le lait et le sang. Ils occupent les lieux pendant près de trois millénaires. Et puis la sécheresse revient. Vers 2500-2200, comme à Adrar Bous le lac est à sec et déserté. Il l'est toujours.

Un soporifique pour mouflons de Barbarie

À un millier de kilomètres au nord-est d'Adrar Bous, dans le désert hyperaride montagneux de l'Akakus (ou Tadrart Acacus), non loin du Tassili, des abris rocheux sont ornés de gravures et de peintures, largement détruites par des islamistes en 2014 (après Jésus-Christ, s'entend). Dans une première période dudit grand optimum, un millénaire durant, jusque vers 6 600 av. S., les habitants sont encore des chasseurs, pêcheurs et cueilleurs semi-nomades. Ils ramassent plantes et tubercules et chassent le mouflon de Barbarie, un bel animal à longues cornes et poil long. Après un sas dû à une période de sécheresse, la céramique fait son apparition, décorée à l'aide de peignes, sans doute des arêtes de poisson. Les meules se multiplient, pour écraser des céréales sauvages soigneusement sélectionnées, dont le sorgho, comme en témoignent les pollens. Les parois des abris se couvrent de peintures d'un type nouveau, dites des « têtes rondes ». Présentes aussi au Tassili, elles représentent des mouflons, des antilopes, des gazelles, des animaux fantastiques, des êtres hybrides hommes-animaux, mais aussi des humains chassant à l'arc, dansant ou portant des vêtements de cérémonie et des masques.

Dans l'un de ces abris rocheux sont représentés deux hommes devant un mouflon de Barbarie. En creusant, les archéologues ont trouvé à l'intérieur de la caverne les restes d'un épais fumier prouvant que les habitants avaient créé là un enclos où parquer ces ovins sauvages. Le fumier contient aussi des traces de céréales non cultivées, de figues et aussi d'une plante toxique interprétée comme pouvant servir de soporifique pour calmer les bêtes. Vers 5 600 av. S., c'est l'un des premiers témoignages de parcage d'animaux non domestiques, nourris avec du fourrage. Parquer des bêtes signifiait probablement se constituer un stock de viande pour affronter les périodes difficiles. Il est concevable aussi que la poterie soit une innovation liée à la nécessité de conserver les aliments. Hélas pour les habitants sédentarisés de l'Akakus, la sécheresse annoncée s'est encore aggravée et l'abri rocheux où a été retrouvé ce fumier a été déserté. Quelques centaines d'années plus tard, les pluies étant revenues, l'abri a de nouveau servi, mais au profit d'une nouvelle population, entraînée à l'élevage des bovins. Elle occupera la région pendant plus d'un millénaire, avant de devoir se replier, aux alentours de 4 000 à 3 700 av. S., vers la vallée du Nil et les plaines du Soudan. Le désert a repris ses droits.

Nil refuge, Nil sauvage

Dirigeons-nous vers l'est. Considérée comme le berceau de l'Égypte des pharaons, la partie orientale du Sahara, encore plus sèche que le reste, s'étend sur plus de 2 millions de kilomètres carrés : la surface de l'Europe occidentale. Elle couvre une grande fraction de la Libye et du Tchad à l'ouest, l'Égypte à l'ouest et à l'est du Nil (jusqu'à la mer Rouge) et le nord-ouest du Soudan. C'est la plus grande zone hyperaride et chaude de la Terre.

À l'époque du maximum glaciaire, elle est, si possible, encore plus aride qu'aujourd'hui. Et totalement inhabitée. Mais déjà la vallée du Nil sert de refuge. Le fleuve n'a pourtant pas grand-chose à voir avec celui que nous connaissons. Il est normalement tributaire de deux rivières : le Nil blanc, alimenté par le lac Victoria, et le Nil bleu, venu des hauts plateaux d'Éthiopie, abreuvé par la mousson. Or à ce moment le Nil blanc est à sec, car même quand il y a de l'eau dans le lac Victoria, ce qui n'est pas toujours le cas, des montagnes de dunes en entravent le trajet. Seul coule le Nil bleu ; mais la mousson est alors peu abondante, et au nord d'Assouan le fleuve n'est qu'un lacis de petits cours d'eau souvent à sec. Les zones traversées en amont par le Nil bleu, dans les hautes terres d'Afrique de l'Est, sont semi-désertiques, si bien que le fleuve charrie d'énormes quantités de sédiments, qui font monter le niveau de la plaine alluviale, en aval, de quelque 30 mètres au-dessus de son niveau actuel. Dans cet environnement particulier, marqué comme aujourd'hui par la crue annuelle du fleuve, des chasseurs-cueilleurs mènent une vie relativement agréable, chassant à l'arc le bubale, le bœuf sauvage et la gazelle, pêchant à pied d'énormes poissons-chats et mangeant des végétaux souvent soumis à une longue préparation culinaire.

Survient le premier grand réchauffement précédant l'holocène, le Bølling.

Sur les hauteurs de l'Afrique orientale il se traduit surtout par une forte augmentation des pluies. La barrière de dunes qui retient le Nil blanc cède. Désastre. La vallée se transforme en un canyon dépourvu de plaine alluviale. Les animaux et les plantes disparaissent ou se raréfient. C'est l'époque dite du Nil sauvage. Pendant près de deux millénaires, Sapiens s'en écarte, migrant vers un désert devenu « vert ». À en juger par des restes de squelettes percés de flèches et tailladés, certains de ceux qui sont restés sur place se sont entretués. Comme quoi la guerre n'a pas attendu le néolithique.

Avec l'arrivée de notre holocène, le climat de la partie sud du Sahara oriental devient, selon des expressions consacrées, « semi-humide », celui de la partie nord « semi-aride ». Sapiens est revenu jusqu'au cœur du désert libyen. Il préfère la partie nord, où le paysage a pris les caractères du Sahel, à la partie méridionale, dominée par des forêts et des zones inondables. La vallée du Nil est marécageuse et inhospitalière. Comme leurs cousins du Sahara central, ces chasseurs-cueilleurs connaissent la céramique – près de deux millénaires avant leurs cousins du Proche-Orient.

En revanche, contrairement à ce qu'on a parfois cru, ils ne semblent pas avoir eux-mêmes domestiqué les aurochs (ancêtres des bovins modernes) ; les premiers conducteurs de troupeaux seraient venus du Croissant fertile. À Nabta Playa, dans le désert nubien à l'ouest du Nil, des puits larges et profonds sont creusés vers 7 000 av. S. pour abreuver le bétail. Encore un bel exemple de convergence, puisque le puits est également inventé à Chypre à peu près au même moment.

Premiers pharaons

Dès 4 900 av. S. le climat se met à changer à nouveau. Peu à peu la sécheresse se réinstalle, d'abord au nord avant de gagner progressivement les régions méridionales. Les populations suivent, s'exilant vers les plaines du Soudan. On assiste à un mouvement inverse de celui observé au Proche-Orient : les chasseurs-cueilleurs, pêcheurs et potiers sahariens, largement sédentarisés, retournent à une vie nomade, fondée sur l'élevage. Pas tous cependant : certains au contraire vont s'installer dans la vallée du Nil, redevenue habitable. Et se font agriculteurs, en empruntant les techniques du Proche-Orient. À partir de 4 600 av. S., des communautés cultivent le blé et l'orge dans les riches plaines de Fayoum et Mérimdé, proches du delta. Plus au sud, en Haute-Égypte, au nord et au sud de l'actuel Louxor, dominent encore jusque vers 3 600 les éleveurs nomades venus du désert, avec leurs coutumes, notamment la pratique religieuse d'ensevelissement du bétail mort, attestée dès 5 000 av. S. dans le désert nubien. Certains cultivent aussi le blé et l'orge. Bien qu'ils n'utilisent pas encore le tour, leur céramique est d'une finesse qui n'aura peut-être pas d'égale dans la suite de l'histoire égyptienne.

Vers 3 100 av. S., le Sahara est redevenu un désert. C'est le moment où émerge ce qui deviendra l'Égypte pharaonique. En Haute-Égypte se développe une culture de plus en plus sophistiquée. Quatre siècles avant l'édification des premières pyramides, dans une société où l'agriculture et l'élevage sont désormais pleinement maîtrisés, une élite se constitue, dont témoignent des tombes richement dotées et des têtes de massue, symboles du pouvoir politique. Avec les débuts de la métallurgie du cuivre et les progrès de la sculpture sur pierre, une classe artisanale apparaît. Les premiers hiéroglyphes sont en gestation. L'Égypte va devenir un État unifié : la première dynastie est datée de 2 450 av. S. Mais les Égyptiens n'oublient pas ce qu'ils doivent à la civilisation pastorale. Les bovins occupent le centre de leur système religieux. Une vache est la mère du Soleil, lequel est parfois présenté comme le « Taureau du ciel ». Les premiers pharaons incarnent Horus, né des entrailles de la déesse Hathor, toujours ornée de cornes de vache. Même les mouflons de Barbarie ne sont pas oubliés : on en voit sur des poteries.

7

Tsunami et bucranes

Où l'on constate qu'il a fait plus chaud qu'aujourd'hui pendant les millénaires du « grand optimum », la période fondatrice de l'histoire de l'humanité. Ce qui n'a pas empêché une double crise climatique de survenir et de frapper dur.

Il ne peut pas y avoir de crise la semaine prochaine. Mon agenda est déjà plein.

Henry KISSINGER, 1969

Faisons une pause et plaçons-nous vers 7 000 avant Socrate. Au Moyen-Orient et en Chine, l'agriculture est bien installée. Dans un Sahara « vert », des chasseurs-pêcheurs-cueilleurs sédentarisés gravent et peignent éléphants et girafes. En Amérique, Sapiens a atteint la Terre de Feu. En Europe, où l'agriculture n'a pas encore pénétré, des chasseurs-cueilleurs moins brillants que leurs ancêtres de l'âge glaciaire vivent dans un environnement forestier ; le réchauffement initié deux millénaires plus tôt a permis au chêne de conquérir la France et l'Angleterre. Si lointain et si proche, ce réchauffement vaut qu'on s'y arrête un instant, car à l'heure de l'actuel changement climatique il interpelle.

« La température globale de la décennie 2000-2009 n'a pas encore dépassé les températures les plus élevées de l'holocène récent, entre 10 000 et 5 000 avant le présent » (soit entre 7 600 et 2 600 avant Socrate), lisait-on dans la revue *Science* en 2013. C'est bien sûr une image, car comparer une décennie récente à ce qui s'est passé pendant cinq millénaires, pour lesquels nous ne disposons pas de données sur des durées aussi courtes, est une démarche risquée. Mais des données concrètes illustrent bien les cinq millénaires de ce « maximum thermique » – en gros le temps qui nous sépare des pyramides de Gizeh. Dans l'hémisphère Nord, la limite entre les forêts de conifères et celles d'arbres à feuilles caduques monte plusieurs centaines de kilomètres plus au nord qu'actuellement. Au nord-ouest du Groenland, la calotte glaciaire est de 600 mètres moins élevée qu'aujourd'hui entre 7 600 et 4 600 av. S. Dans l'hémisphère Sud, dans les débuts de l'holocène la calotte glaciaire de l'Antarctique ouest fait 215 000 kilomètres carrés de moins. Dans la partie orientale des Alpes suisses, le glacier Tschierva est plus court qu'aujourd'hui dans la période suivant 7 200 av. S., puis entre 5 450 et 4 850, enfin entre 4 200 et 3 650. La limite de croissance des arbres est plus élevée, ce dont témoignent des troncs visibles par radar sous le glacier actuel, à 2 300 mètres d'altitude. En Autriche, le glacier Pasterze est aussi plus court entre 8 100 et 6 900 av. S. En Afrique orientale, le grand glacier plat du Kilimandjaro, toujours là de nos jours, a disparu. Sous l'effet de ce réchauffement majeur, le niveau de la mer finit par dépasser le niveau actuel et reste au-dessus trois millénaires durant. Vers 7 600 av. S., la Méditerranée commence à se déverser vers le « lac » de la mer Noire, isolé depuis au moins 80 000 ans. Sur le littoral mésopotamien, on enregistre une hauteur de la mer de plusieurs mètres au-dessus du niveau actuel entre 6 000 et 3 000 av. S. Sur le littoral sud-africain, un maximum est relevé à 3,5 mètres au-dessus du niveau actuel en 2 000 av. S.

Esprits chagrins

Ce temps long de ce qu'on appelle aussi le grand optimum est la période fondatrice de l'histoire de l'humanité. C'est là, dans les plaines alluviales du Tigre et de l'Euphrate et, en Chine, dans celles du Yangtsé et du fleuve Jaune, que se développent l'agriculture et l'élevage. C'est là que sont inventées la roue et la charrue, puis la métallurgie (d'abord le bronze puis le fer). Là qu'est mise au point la traction animale, pour l'agriculture et pour la guerre. Là que naissent la ville, l'État et l'impôt. Là que s'épanouissent l'architecture et la sculpture, au service de religions sophistiquées ; et l'art de la cuisine, au service de la bonne société. Et c'est lors de la fin de cet optimum, vers 3 200 av. S., qu'est inventée l'écriture, scellant les moyens de la domination sociale mais ouvrant les champs de la science, de la littérature et de l'histoire proprement dite.

Les esprits chagrins préfèrent souligner le négatif : la propagation des zoonoses et autres épidémies, favorisées par la concentration humaine à proximité des animaux et le développement du travail servile, qui ont contribué, au moins au début de la période, à réduire la taille et l'espérance de vie ; l'invention de la guerre d'État, qui légitime l'esclavage ; l'institution d'inégalités sociales structurelles, bénies par la religion. Les dégâts du progrès, déjà. Mais faut-il suivre les esprits chagrins ? Le plus frappant est bien la mise en route du moteur qui va façonner l'homme moderne.

En même temps, la notion de grand optimum est trompeuse, car elle tend à oblitérer les périodes sombres et même catastrophiques qui n'ont pas manqué de le ponctuer. On l'a vu au chapitre précédent, quand le Sahara « vert » se voit soudain interrompu par un millénaire d'assèchement des lacs, contraignant les survivants à émigrer. On va le voir maintenant en Europe du Nord et au Proche-Orient ; deux histoires qui valent d'être racontées.

L'une et l'autre sont à placer dans le cadre de deux événements climatiques de nature très différente mais dont les effets se sont conjugués : un refroidissement soudain vers 6 200 av. S., qui va durer six siècles ; et, vers 6 000 av. S., la rupture plus soudaine encore de la barrière de glace retenant une immense étendue d'eau au Canada. Commençons par cet événement, spectaculaire.

1 830 fois le lac de Genève

Lors du maximum glaciaire, on l'a vu, une immense calotte de glace recouvrait le nord-est du continent américain. Cette calotte dite laurentide (du nom du fleuve Saint-Laurent) se met à fondre et se contracter dans le sillage du réchauffement du Bølling, initié vers 12 200 av. S. Dans un creux de la calotte, au nord-ouest des actuels Grands Lacs américains, se forme vers 11 300 av. S. une étendue d'eau douce qui va bientôt prendre une extension gigantesque, au point de devenir la plus grande de la planète. Ce lac nommé Agassiz s'est maintenu avec des hauts et des bas pendant 5 500 ans, relâchant parfois des masses d'eau pharaoniques. Ayant fusionné avec un autre lac, il atteint son extension maximale vers 6 000 av. S. : 841 000 kilomètres carrés, l'équivalent de la France et de l'Italie réunies. Et

163 000 kilomètres cubes d'eau, soit 1 830 fois le contenu du lac de Genève. Or à ce moment, peut-être en deux fois, les barrières de glace qui le retenaient au nord ont cédé et le lac s'est déversé en quasi-totalité dans la baie d'Hudson, au nord-est du Canada. De là, les eaux glacées ont gagné la mer du Labrador et l'Atlantique nord. La période de froid déjà engagée en 6200 s'en est trouvée accentuée en Europe et jusqu'au Proche-Orient. Qui plus est, et peut-être surtout, le niveau de la mer a fortement augmenté.

À cette époque on peut encore aller à pied sec de l'Angleterre au Danemark. La Manche s'arrête à l'embouchure de la Tamise, la mer du Nord à celle de l'Elbe. Entre les deux, le Doggerland est un vaste territoire prolongeant les Pays-Bas et l'Allemagne et dont la partie nord forme une sorte d'enclume frôlant à l'ouest les côtes anglaises au niveau de Hull, à l'est celles du Jutland danois. Bien sûr la hausse du niveau de la mer, amorcée à la fin du maximum glaciaire, se poursuit à un bon rythme (environ dix fois le rythme actuel), mais il n'y a pas encore de maisons en béton le long des côtes et les populations peuvent suivre le mouvement sans courir d'autre risque que de se laisser surprendre par des tempêtes plus dévastatrices que les précédentes. Ces chasseurs-cueilleurs-pêcheurs vivent là dans d'excellentes conditions, avec leurs chiens. Le paysage est plat, bordé d'îles et d'estuaires, ponctué de lacs et de marais. Ils mangent des coquillages, pêchent au harpon, à l'hameçon et au filet. Ils chassent à l'arc cerfs et chevreuils, mais aussi aurochs, élans et même rennes, car ceux-ci n'ont pas encore tous rejoint l'extrême nord de l'Europe. Or la rupture du lac Agassiz double le rythme d'élévation du niveau de la mer, qui passe à 2 mètres par siècle. Il en résulte, dans un environnement très refroidi, un rapide rétrécissement des terres émergées, au rythme de 10 kilomètres par an, soit près de 200 mètres par semaine. Comme si cela ne suffisait pas, un tsunami provoqué par un glissement de terrain au large de la Norvège s'abat sur la région vers 5700. Une vague de 3 mètres de haut balaie en quelques minutes ce territoire déjà largement immergé et presque complètement plat. On imagine le résultat. Le tsunami a sans doute été causé par l'interaction de couches de sédiments et de glaces fondantes. Dans les zones plus proches du glissement de terrain en question, le tsunami a été encore plus dévastateur. Dans les îles Shetland, la vague atteint 20 mètres : un immeuble de cinq étages. Du Doggerland il ne reste qu'une poignée d'îles, bientôt englouties à leur tour.

Avec chats et chiens

Au même moment, mais à 3 000 kilomètres de là, un autre drame se jouait. Au chapitre 4, nous avons quitté le Proche-Orient quand se forment les premières communautés pleinement agricoles, un peu avant 7 000 av. S. À cette époque la céramique, encore balbutiante, est absente de la plupart des sites explorés. Mais au lieu des hameaux ou petits villages des débuts de l'holocène on rencontre de véritables bourgs. Ils se développent sur tout le périmètre du « Croissant fertile », allant du sud du Sinaï jusqu'aux contreforts des monts Zagros dans l'Iran actuel, à l'est du Tigre, en passant par le sud de la Turquie et la moyenne vallée de l'Euphrate. Ils rassemblent plusieurs centaines d'habitants, voire davantage : Ain Ghazal en Jordanie, Abu Hureya sur l'Euphrate regroupent près de 3 000 personnes. Nous sommes là en présence de la première société néolithique proprement dite. Le sol des maisons est en plâtre, les murs sont décorés de motifs peints. Il y a parfois un étage, qui sert à l'habitation, le rez-de-chaussée étant réservé aux travaux quotidiens et au stockage. Des puits sont creusés. L'agriculture, qui se conjugue aux anciennes pratiques de chasse, favorise un essor démographique dû à l'accroissement de la fertilité féminine et à un raccourcissement du temps entre les naissances. La notion de propriété se renforce, avec des techniques de marquage et de comptage. À Ain Ghazal, des statuettes en plâtre à la chaux, modelées sur armatures de roseaux, représentent femmes, hommes et enfants. Dessinés au bitume, les yeux grands ouverts jettent un regard perçant. La grande île de Chypre fait l'objet d'une véritable colonisation, les nouveaux arrivants amenant avec eux par bateau toutes sortes d'animaux : aurochs, mouflons, bouquetins, sangliers, daims, renards, genettes et bien sûr chats et chiens.

Cornes d'aurochs et vautours

C'est vers ce temps-là qu'est fondée la petite ville de Çatal Höyük, dans une plaine de Turquie centrale. On accède par le toit à des maisons agglutinées (il n'y a pas de rues). Faits de grandes briques de terre, les murs enserrent une pièce centrale et des pièces annexes. Un foyer sert de four. Le sol est enduit de plâtre de chaux. Les murs blanchis à la chaux et décorés sont souvent ornés de bucranes, cornes d'aurochs réelles ou modelées dans l'argile. D'autres animaux en relief sont représentés, parfois incrustés d'éléments réels comme des mâchoires de sanglier ou des becs de vautour. Des peintures montrent des vautours aux ailes déployées entourant des corps humains sans tête. Une figurine représente une femme aux formes généreuses, les bras appuyés sur deux léopards. Il y a des fosses pour les détritus. Les défunts sont enterrés sous le sol des maisons, parfois en grande quantité et les uns sur les autres, en couches. La bourgade, qui à son apogée s'étend sur treize hectares et rassemble plusieurs milliers de personnes, est un centre du commerce de l'obsidienne, une pierre idéale pour la fabrication d'outils divers. Mais deux siècles après le brusque avènement de la période froide en 6200, on voit la population soudain décliner, pour disparaître quasi complètement après la vidange du lac Agassiz. Des signes de tension sont relevés par les archéologues. Un peu plus à l'ouest, un complexe religieux est détruit et l'on trouve des traces d'incendie et de blessures dues à des projectiles lancés par des frondes.

Fours à poterie

Tout le Proche-Orient vit un petit âge glaciaire : non seulement une baisse des températures mais une sécheresse prolongée. En hiver, sauf sur les côtes, la neige est profonde. L'étude des pollens montre une chute du couvert végétal. Les gros bourgs sont abandonnés, d'abord ceux des hauteurs du Levant, puis ceux des contreforts du Taurus, au sud de l'actuelle Turquie. Chypre est désertée et restera inhabitée pendant 1 500 ans.

On s'en doute, le rôle du climat dans cette histoire fait l'objet de débats animés.

Des archéologues font valoir d'autres facteurs de déclin. L'accroissement démographique a pu conduire à une surexploitation de la faune et de la flore. La concentration des humains et des animaux domestiques a pu favoriser une dégradation de l'hygiène et la multiplication des vecteurs épidémiques. C'est probable, mais si dans divers bourgs du Proche-Orient on assiste en effet à l'arrivée ici du paludisme, là de la tuberculose, et plus généralement à une tendance à la détérioration de l'état sanitaire, ce ne semble pas être le cas à Çatal Höyük. Et cette évolution s'accompagne d'innovations à caractère prophylactique, comme le creusement de puits, le passage des sols et des murs à la chaux et l'aménagement de fosses à détritus.

Chose assez surprenante, c'est du début de cet épisode que date l'apparition de la poterie au Levant. Le four à poterie se répand. Faut-il y voir une innovation réactive, permettant de mieux conserver les aliments en période de pénurie ? Dans la période suivant la vidange du lac Agassiz, on voit la poterie se répandre à l'est dans les vallées des contreforts du Taurus et à l'ouest sur la côte turque. Les côtes et certaines vallées sont moins exposées au froid et à la sécheresse, et attirent des migrants qui y fondent de nouvelles communautés agricoles. Des chercheurs émettent l'hypothèse que cette double crise climatique, l'une se surimposant à l'autre, a conduit en deux étapes à l'installation d'agriculteurs d'abord sur les côtes du Proche-Orient, au Levant et en Turquie, puis dans les vallées de Grèce septentrionale et de Bulgarie, où l'on trouve en effet les premiers sites agricoles, poterie comprise, à la fin de la période. Selon une hypothèse récente, cette double crise serait donc à l'origine de la progression de l'agriculture en Europe.

8

On achève bien les dynasties

Ou comment une méga-sécheresse s'étendant sur plus de deux siècles a pu avoir raison de l'empire d'Akkad et de Sumer, de l'Ancien Royaume égyptien et peut-être aussi de la civilisation de l'Indus.

Pour la première fois depuis que les cités
ont été construites, les grandes étendues cultivées
n'ont pas produit de grain, les étendues inondées
n'ont pas produit de poissons, les vergers irrigués
n'ont produit ni sirop ni vin, les nuages rassemblés
n'ont pas produit de pluie…
Poème sumérien

Aujourd'hui le détroit d'Ormuz est l'un des points les plus stratégiques du globe. Chaque jour y passent les supertankers en provenance du golfe Persique, que bordent les Émirats, l'Arabie saoudite, le Koweït, l'Irak, l'Iran. Mais lors du maximum glaciaire, à l'époque de Lascaux, le détroit est à sec. Les calottes glaciaires ont pompé l'eau de la mer, dont le niveau est 127 mètres plus bas qu'actuellement. Le golfe Persique met pratiquement 10 000 ans pour se remplir à nouveau et atteindre le niveau actuel. La mer franchit le détroit d'Ormuz vers 12 000 av. S., dans la foulée du brusque réchauffement du Bølling. Le nouveau réchauffement non moins brusque survenu vers 9 300 av. S., qui inaugure l'holocène, notre interglaciaire, voit un petit quart du golfe se remplir. Il est rempli à moitié vers 7 600 av. S. ; mais il faut attendre 4 000 av. S. pour qu'il trouve son niveau actuel. Les calottes glaciaires ayant beaucoup fondu, il va même le dépasser, à partir de 3 600 av. S., de deux à trois mètres. Il restera à ce haut niveau jusque vers 800 av. S.

Le golfe Persique se ferme 1 000 kilomètres au nord-ouest du détroit d'Ormuz, à l'embouchure de l'Euphrate et du Tigre. Remontez ces deux fleuves, et vous entrez dans l'ancienne Mésopotamie (de *mesos* et *potamos*, « au milieu de deux fleuves », en grec), une vaste région bordée à l'est par les monts Zagros, dans l'Iran actuel, au nord par la chaîne du Taurus, en Anatolie, à l'ouest par le désert syrien. Elle représente la partie orientale du Croissant fertile.

Miracle urukéen

Au chapitre précédent j'ai laissé le Proche-Orient exsangue et en grande partie déserté à la suite de la double crise climatique allant de 6 200 à 5 800 av. S. Face au froid et à la sécheresse, les survivants se sont réfugiés sur les côtes du Levant et de Turquie et dans quelques vallées protégées des contreforts du Taurus. Mais d'autres se sont rendus vers le sud, dans la zone inondable et marécageuse du delta formé par les deux fleuves. Là ils trouvent des communautés déjà installées avant la crise de 6 200, qui cultivent l'engrain (le petit épeautre) et exploitent le palmier-dattier. Profitant de cette eau bénie, ils pratiquent une irrigation sommaire. Ils pêchent et cueillent les figues.

Les archéologues sont désormais en mesure de relater l'évolution de l'ensemble de la Mésopotamie depuis cette époque, distinguant entre les « cultures » qui se sont succédé, du sud jusqu'au nord. Je vais d'abord me concentrer sur le sud, car c'est dans ce delta de l'Euphrate et du Tigre que s'épanouit, au terme de deux millénaires passablement obscurs, la fameuse civilisation de Sumer, si spectaculaire que des esprits exaltés en ont attribué la naissance à des extraterrestres. Se référant à la ville qui a marqué le premier millénaire de Sumer, l'archéologue français Jean Guilaine parle d'un « miracle urukéen », au sens où l'on a parlé d'un « miracle grec » : une révolution dans l'histoire de l'humain. On doit aux Sumériens l'invention de la roue (destinée aux premiers chariots) et celle du tour du potier. On leur doit le système sexagésimal (dont découlent les divisions de l'heure et du cercle), l'araire à soc en bois tiré par un bovin, la faucille en terre cuite, la domestication de l'âne (qui sert aux transports), le mortier au gypse et l'art de la mosaïque murale. Leurs temples monumentaux ont servi de modèles aux constructeurs des pyramides en Égypte. Et bien sûr on leur doit la tablette, origine de la liseuse, « précurseur de nos smartphones », écrit la philologue italienne Silvia Ferrara. Les signes sont gravés avec une pointe de roseau sur une surface d'argile ensuite durcie au soleil.

Les habitants d'Uruk parlaient une langue dite agglutinante, comme aujourd'hui le turc, le hongrois, le finnois ou le basque, mais sans rapport avec elles. On a longtemps cru que cette langue était celle d'un peuple venu d'Asie, peut-être des contreforts de l'Afghanistan, via la vallée de l'Indus. De fait, dans les mythes qu'ils ont tardivement consignés, les Sumériens se présentaient comme « venus de la mer ». On n'en sait rien. Des archéologues comme l'Américaine Joan Oates et le Britannique Paul Collins pensent même que les Sumériens ne formaient pas un peuple distinct, mais étaient simplement les héritiers de la longue évolution préhistorique de la Mésopotamie.

Les premières inscriptions, vers 2 800 av. S., sont en « protocunéiforme » ; elles sont pictographiques et, en réalité, peuvent être lues en n'importe quelle langue. Ce qui n'est pas inutile, car en Mésopotamie on parle aussi des langues sémitiques. Il faut attendre encore 400 ans pour que naisse l'écriture cunéiforme proprement dite, phonétique et grammaticale.

Il creuse avec son pénis

Dans leurs mythes, consignés tardivement, les Sumériens se flattent d'avoir inventé la ville. Nous parlons aujourd'hui de « cité-État » : une ville administrée par un roi soutenu par un clergé, imposant à ses habitants et aux paysans alentour (corvéables à merci) le paiement d'un impôt et une réglementation poussée. Nous le savons aujourd'hui, la cité-État a été « inventée » presque simultanément dans les lointaines plaines du Nord, fondées sur l'agriculture « sèche » (non irriguée). Et, en Mésopotamie méridionale, Uruk n'est bientôt qu'une ville parmi une douzaine d'autres, des cités-États rivales dotées d'une armée de métier. Vers 2 500 av. S., Uruk est entourée d'un imposant mur de protection, attribué par un mythe au roi Gilgamesh.

Les ressources agricoles reposent sur un réseau serré de canaux d'irrigation qu'il faut sans cesse draguer pour dégager les limons apportés par le fleuve, aux crues souvent menaçantes. Les canaux servent aussi au transport des marchandises. L'eau est un élément central d'une religion sophistiquée. Le monde a été créé par Enki, le porteur d'eau, maître de la sagesse, père d'Inanna, la « Dame du Ciel » (la future Ishtar). Enki a fait jaillir l'eau et la végétation du désert : « Enki, pris d'une inspiration subite, creuse avec son pénis dans les talus, plonge son pénis dans la cannaie, fait jaillir avec son pénis un immense et tendre manteau de verdure. » Tendre n'est pas l'époque. Sumer est la première société où l'esclavage est attesté, notamment de femmes capturées dans les monts Zagros à l'est. La construction et l'entretien des temples royaux mobilisent une grande quantité d'hommes qui vivent des rations d'orge et de bière qu'on leur distribue.

Pendant des siècles, Uruk avait profité d'un climat nettement plus humide qu'aujourd'hui, en hiver mais aussi en été, car la mousson remontait jusque-là. La ville avait étendu son influence sur toute la Mésopotamie et même au-delà, créant des comptoirs jusqu'en Iran, en Anatolie et en Syrie. Mais vers 3 400 av. S. le climat se met à changer (c'est le moment où le Sahara cesse d'être « vert »). La mousson ne vient plus. Les tensions entre cités s'exacerbent, les guerres se multiplient.

La crise climatique s'accentue entre 3 140 et 2 900 av. S., une période froide et sèche rappelant celle de 5 800, mais de durée plus courte. C'est la fin de ce qu'on appelle la « période Uruk ». Ses comptoirs disparaissent et la population des cités-États diminue. Il faut attendre le retour du beau temps pour voir les cités-États reprendre leur essor. C'est alors seulement, semble-t-il, qu'aussi bien dans les plaines du Nord qu'en Mésopotamie méridionale le pouvoir passe des mains des prêtres à celles des rois et qu'est mise en place l'organisation économique et fiscale évoquée plus haut.

Lapis-lazuli et cornaline

Vers 2 100 av. S., la ville phare de Sumer est désormais Ur, dont le cimetière royal a révélé des objets d'un raffinement extrême. Leur composition témoigne du réseau commercial que Sumer avait établi avec d'autres contrées, certaines très lointaines. Un mythe raconte comment le roi d'Uruk Enmerkar s'adresse au seigneur d'Aratta, qui habite « au-delà de sept montagnes » pour obtenir, par la force s'il le faut, or, argent, cuivre, étain, blocs de lapis-lazuli bleu et autres pierres précieuses. Sous la menace, le seigneur finit par accepter, mais en échange d'orge, la principale céréale cultivée en Sumer. Ur a noué un immense réseau de postes commerciaux, parfois sous la contrainte, pour obtenir le cuivre, l'étain, l'argent et l'or du plateau iranien (c'est le début de l'âge du bronze), l'étain et l'argent de l'Anatolie, l'or de Nubie, le cuivre d'Oman, le cèdre du Liban et des monts Nur, les murex de Méditerranée et la nacre des régions du Golfe, les lapis-lazuli d'Afghanistan. Les bateaux commercent avec la vallée de l'Indus, dont la précieuse cornaline rouge sert à confectionner perles, mosaïques et marqueterie.

Avivées par la croissance démographique, les tensions entre cités-États débouchent en 1 934 av. S. sur la victoire du roi Sargon de la ville de Kish, dans la partie nord de la Mésopotamie méridionale, à quelque 200 kilomètres d'Ur. Contrairement aux rois des autres cités de Sumer, Sargon parle une langue sémitique. Il va bientôt mettre en place le premier empire véritable de l'histoire de Sapiens. Il conquiert successivement tout le pays sumérien, la Syrie, le pays de Canaan, le nord de la Mésopotamie, le sud de l'Anatolie, le royaume d'Élam au sud-ouest de l'Iran et jusqu'à Oman. Ses fils poursuivent son œuvre, se vantant de force massacres, notamment en Sumer. L'empire dit d'Akkad, en référence à une ville dont on n'a pas retrouvé trace, se barde d'un réseau de forteresses qui assurent le contrôle de la production de céréales dans les grandes plaines du Nord. Un lacis de chemins pour ânes assure le service postal. Bien que parlant une autre langue, Sargon et ses fils adhèrent pleinement au panthéon et à la culture de Sumer. À la génération suivante, Naram-Sin, qui règne entre 1 854 et 1 818 av. S., se coiffe de la tiare sumérienne. Il est le « roi des quatre régions », autrement dit roi du monde. Il est le premier souverain de l'Histoire à s'être fait considérer comme un dieu.

Cerveau de chien, visage de singe

Comme tant d'autres à l'avenir, ce premier empire est un colosse aux pieds d'argile. Bien qu'il étende sa domination sur les cités-États à culture irriguée du Sud, son économie repose massivement sur l'agriculture sèche des plaines du Nord. Elle est mise à mal par une nouvelle crise climatique majeure, de l'ampleur de celle déclenchée en 5 800 av. S. Dès 2 100 av. S., au moment de la splendeur d'Ur, le climat a tendance à s'assécher. Et vers 1 800 av. S. c'est une véritable catastrophe qui s'abat sur les plaines. Un vent persistant du nord allonge les hivers et contribue à asphyxier les sols. Le témoignage littéraire présenté en exergue de ce chapitre illustre une réalité que les fouilles archéologiques et une centaine de forages et d'analyses de stalagmites ont confirmée – avec des exceptions qui témoignent sans doute de la diversité des situations. Dans les montagnes d'Anatolie qui abreuvent le Tigre et l'Euphrate, le niveau du lac Van, le plus grand de Turquie, est au plus bas. Les eaux des deux fleuves baissent. À Tell Leilan, une ville des plaines du Nord, dont les murs d'enceinte venaient d'être construits et le temple reconstruit, on ne trouve plus trace d'activité humaine, seulement des squelettes d'ovins et de bovins morts de soif. À une cinquantaine de kilomètres de là, la construction de la forteresse de Tell Brak est subitement abandonnée. Elle porte la signature de Naram-Sin. Les tribus de pasteurs nomades habitant le nord et le centre du Proche-Orient, réfugiés climatiques d'un autre âge, descendent la vallée de l'Euphrate en quête de nourriture et de pâturages, exerçant une pression croissante. À court d'approvisionnement, l'empire d'Akkad, après avoir repoussé les Amorrites, un peuple nomade venu des pourtours du désert syrien, s'effondre vers 1 750 av. S. sous les coups de boutoir d'envahisseurs venus cette fois des monts Zagros à l'est, les Gutis.

Libérées du joug d'Akkad et moins affectées dans un premier temps car pouvant compter sur leur système d'irrigation, les cités-États du Sud relèvent la tête. Le roi d'Uruk repousse les Gutis « au cerveau de chien et au visage de singe ». Commence ce qu'on appelle la IIIe dynastie d'Ur. On doit à un roi de cette dynastie le premier Code pénal, ancêtre du code d'Hammurabi. Une période magnifique, dont les statues en pierre étaient considérées par Henry Moore comme l'un des sommets de la sculpture mondiale. Mais la sécheresse continue de sévir et Sumer voit sa population doubler sous l'afflux des réfugiés. L'État instaure un rationnement de plus en plus rigoureux, alors que les eaux se chargent de sel et que les arbres fruitiers sèchent sur pied. Au nord, la pression des Amorrites s'accentue ; pour tenter de les contenir, Ur fait édifier un mur de plus de 100 kilomètres entre le Tigre et l'Euphrate. La dynastie ne dure qu'un siècle. En 1 604 av. S., Ur tombe aux mains du royaume iranien d'Élam (Suse). Lequel se fait à son tour bouter dehors par les Amorrites. Le mur censé les repousser était une ligne Maginot, il suffisait de le contourner. Les Amorrites « ne connaissent pas le grain [...] ni la maison, ni la ville, dit un texte sumérien. Ce rustre des montagnes [...] déterre des truffes [...], ne plie pas les genoux [pour cultiver], mange la viande crue [...], n'enterre pas ses morts ».

Le fleuve d'Égypte est vide

La crise climatique qui a eu raison de l'empire d'Akkad et de la IIIe dynastie d'Ur était d'ampleur mondiale. Aux quatre coins de la planète, la grande majorité des résultats de forages et des analyses de stalagmites plaide en ce sens. Les sites habités s'effondrent au Levant, en Anatolie et en Grèce. Troie connaît l'une de ses destructions majeures. Les Cyclades cessent de produire les figurines de marbre qui ont inspiré Picasso et Brancusi. C'est la fin des cultures de l'âge du cuivre en Sardaigne, dans le Languedoc et en Espagne, la fin aussi de la culture mégalithique de Malte.

En Égypte, l'Ancien Royaume avait bénéficié d'un climat optimal. Il avait vu la construction des pyramides et l'invention des hiéroglyphes phonétiques. Le royaume s'est déstructuré peu après 1 800 av. S., les crues du Nil s'étant taries. « Le fleuve d'Égypte est vide, on peut le traverser à pied », lit-on sur la tombe d'un gouverneur de province lors de l'époque chaotique qui s'est ensuivie. La famine sévit pendant des décennies, peut-être plus d'un siècle. Le cannibalisme est attesté. Appelée « intermédiaire » par les historiens, cette période voit passer pas moins de quatre dynasties et trente-six pharaons en quatre-vingt-dix ans.

La crise affecte bien d'autres parties du monde, jusqu'en Amérique latine, où s'effondre au Pérou la civilisation monumentale de Caral, fondée sur une agriculture d'irrigation. Dans la vallée de l'Indus et de ses affluents, dans l'actuel Pakistan, la grande cité de Mohenjo-Daro et d'autres sont abandonnées peu après. La sécheresse a gagné progressivement cette région dépendante de la mousson indienne d'été. L'abandon est d'autant plus frappant que ces villes s'étaient dotées de systèmes d'approvisionnement hydraulique sans équivalent dans aucune région du monde. À Mohenjo-Daro, qui a pu compter 40 000 âmes, on a retrouvé pas moins de 700 puits circulaires en brique, d'une facture inconnue ailleurs à cette époque. Plus à l'est, en Inde, à la lisière du désert du Thar, la ville d'Harappa, qui relève de la même civilisation, est peu à peu désertée entre 1 800 et 1 600 av. S., malgré un impressionnant système de réservoirs.

Pour le préhistorien américain Malcolm Wiener, spécialiste du monde égéen, cette crise est « la première méga-sécheresse de la période historique ». Mais elle a parfois eu l'effet inverse. En Chine orientale, c'est au contraire un événement froid et humide qui a raison de cultures néolithiques sophistiquées : celle de Longshan dans le Nord-Est, sur le fleuve Jaune, et surtout celle de Liangzhu dans le delta du Yangtsé. Cette dernière se compare à Sumer. Il s'agit d'une société hiérarchisée, étatique, fondée sur la culture irriguée (du riz, bien sûr), produisant un art magnifique étroitement lié à la religion et au statut social. On voit des objets en jade d'une grande beauté, des récipients de céramique à pâte fine noire montée au tour, des haches de cérémonie en corindon (pierre colorée très dure) travaillé au diamant. Comme à Ur, les tombes de l'élite sont remplies d'objets exceptionnels et les nobles enterrés sont accompagnés d'humains sacrifiés. Cette culture s'étend sur une vaste région et son cœur est la plus grande ville de Chine. Entourée d'un mur d'enceinte en argile comportant six portes d'entrée, elle abrite un palais en son centre. Elle s'est protégée des inondations des effluents du Yangtsé par de nombreux aménagements. Peine perdue. Sa chute est attribuée à la conjonction d'inondations inhabituelles et d'une avancée de la mer, dont le sel a contaminé les rizières.

Au chapitre 4 j'ai évoqué l'apparition quasi simultanée de l'agriculture au Proche-Orient et en Chine. La simultanéité de l'effondrement de Sumer, de l'Ancien Royaume égyptien, de la civilisation de l'Indus et de la culture Liangzhu en Chine met en lumière non seulement l'effet des changements climatiques mais un surprenant phénomène de convergence : la contemporanéité de grandes cultures présentant de nombreux traits communs. La civilisation de l'Indus a aussi inventé une écriture, indéchiffrée.

Je résume ici de façon lapidaire le contenu d'un siècle et demi de travaux archéologiques, de publications et de controverses toujours vives. La chronologie péniblement reconstituée n'est pas gravée dans le marbre. Les dates fournies par les scientifiques sont toujours données avec une marge d'erreur. On entre dans l'Histoire, mais toute indication d'année se doit d'être précédée du petit adverbe « vers » (ou circa, noté c.). Gardons aussi à l'esprit cet avertissement de Paul Collins : « Il n'existe pas de représentation exacte du passé. »

9

Tilleuls et chênes verts

Où l'on apprend qu'une nouvelle méga-sécheresse a fortement contribué et peut-être causé l'effondrement simultané des civilisations égyptienne, mycénienne, minoenne, hittite et ougaritique.

Nous autres, civilisations, nous savons maintenant que nous sommes mortelles.

Paul VALÉRY, *La Crise de l'esprit,* 1919

Approcher en felouque à l'aube le palais de la pharaonne Hatchepsout, au bord du Nil, découvrir au détour d'une salle du musée de Berlin le buste de Néfertiti, parcourir l'allée des Sphinx à Louxor en pensant à son obélisque qui trône aujourd'hui place de la Concorde, voilà d'inoubliables expériences esthétiques. C'était la grande époque du Nouvel Empire égyptien. En ce quasi-millénaire d'un optimum climatique retrouvé, l'Égypte étend son empire au sud sur les mines d'or de Nubie, au nord sur tout le Levant. Et puis de nouveau le climat s'aridifie. À partir de 1 208 av. J.-C., autrement dit, pour nous, 808 avant Socrate, les pharaons doivent repousser à plusieurs reprises les nomades libyens en difficulté sur leurs terres, attirés par le mirage d'une vallée du Nil restée fertile. Le pharaon Méneptah en fait un carnage, au terme duquel sont exhibés 6 200 pénis de Libyens dûment occis. En 807 il repousse aussi une première incursion d'une mystérieuse coalition de « peuples de la mer », comme on les appelle aujourd'hui, venus du nord. Mais la situation continue de se dégrader. Les ressources se tarissent, au point que l'on enregistre la première grève de l'histoire, celle des célèbres artisans de la Vallée des Rois. Des troupes de Libyens parviennent jusqu'à Thèbes. Après quoi les « peuples de la mer » reviennent en force, en 777 av. S., par bateaux à rames et voile mais aussi par la terre, avec des chars à bœufs. Le pharaon Ramsès III leur livre une bataille épique sur le delta du Nil. Il en sort vainqueur, mais c'est le chant du cygne. Cette date marque la fin de la grande époque pharaonique. L'Empire égyptien se délite, perdant le Levant au nord et la Nubie au sud. L'autorité royale périclite. Les tombes royales sont pillées à foison. Les artisans de la Vallée des Rois, sous la conduite de leur scribe, se résolvent à collecter eux-mêmes les impôts nécessaires à leur subsistance.

Cnossos abandonné

À la même époque, de grandes civilisations qui avaient fleuri pendant ce dernier optimum climatique se sont effondrées comme un château de cartes. En Grèce, c'est tout le réseau des palais mycéniens qui s'écroule. Dans les décennies qui entourent 800 ce ne sont que destructions en série ou abandons. La citadelle de Mycènes, dont on admire encore la célèbre porte des Lionnes et les blocs massifs qui servirent à construire le palais, est détruite en 790. Il s'agit de destructions par le feu, que l'on constate aussi à Thèbes ou encore à Pylos, dans le sud-ouest du Péloponnèse, fief du roi Nestor. Son palais a été incendié vers 780 ; la fournaise a été telle que des jarres ont fondu. Quelques décennies plus tôt, il est probable que l'armée mycénienne qui a assiégé Troie, sur la côte anatolienne, non loin des Dardanelles, venait d'un pays déjà en crise. Au sud de la Grèce, en Crète, la belle civilisation minoenne, qui s'était remise de l'épouvantable éruption de Santorin vers 1 200 av. S. puis d'une possible invasion, s'éteint dans des conditions mal éclaircies. Le palais géant de Cnossos est abandonné. Tous les sites de l'île de Chypre, où s'était épanouie la civilisation des dieux cornus, sont détruits entre 825 et 790. Sur la côte méditerranéenne de l'actuelle Syrie, en pays de Canaan, Ougarit, capitale d'un royaume prospère, est rasée vers 800 ; on peut y voir les ruines du palais royal. D'autres villes de la région, comme Hazor et Megiddo (l'Armageddon de la Bible), subissent le même sort. La capitale de l'Empire hittite, Hattusa, est désertée vers 800 av. S. ; on peut y admirer une autre porte des Lions.

Un demi-siècle a donc suffi pour produire ce cataclysme multirégional. Il n'a pas l'ampleur mondiale de celui décrit au chapitre précédent, mais affecte l'ensemble du monde est-méditerranéen, jusqu'au centre de l'Anatolie. « La catastrophe fut gigantesque ; le monde ne connaîtra pas de perte d'une telle ampleur avant la chute de l'Empire romain, plus de 1 500 ans plus tard », écrit l'historien américain Eric H. Cline, auteur d'un best-seller sur le sujet.

S'ensuivra ce que les spécialistes appellent des « siècles obscurs ». Le site d'Ougarit restera inoccupé pendant plus d'un demi-millénaire. La région de Pylos, celle du palais mycénien du roi Nestor, demeure un quasi-désert pendant un millénaire. Dans toute la Grèce, l'usage même de l'écriture (le « linéaire B ») disparaît. Il en va de même au royaume d'Ougarit, dont l'oblitération signe la fin de l'écriture cunéiforme. En Grèce, en Crète, à Chypre, en Anatolie et au Levant, on observe un retour à la vie rurale, d'importants mouvements migratoires et l'effondrement du commerce international qui avait relié toutes ces civilisations dans les trois ou quatre siècles précédant la bataille menée par Ramsès III contre les Peuples de la mer. Plus à l'est, en Mésopotamie, Babylone au sud et l'Assyrie au nord doivent faire face à des incursions de nomades araméens, venus de Syrie. Babylone sera mise à sac vers 757 av. S. par le roi de Suse (dans l'Iran voisin), qui emporte avec lui la fameuse stèle où est inscrit le code d'Hammurabi, maintenant au Louvre. Quant au royaume assyrien, il se retranche en attendant des temps meilleurs.

Les Peuples de la mer

Les archéologues se sont longtemps interrogés sur les raisons de cette débâcle. Ils ont cru pouvoir identifier le coupable : les Peuples de la mer. C'était d'autant plus crédible que les Égyptiens les avaient eux-mêmes désignés. Ils sont représentés avec force détails sur les murs du temple de Ramsès III, à Médinet Habou près de la Vallée des Rois. On y lit : « Aucun pays n'a pu se maintenir devant leurs armes, depuis Khatte [le pays des Hittites], Karkemish [sur l'Euphrate, près de l'actuelle frontière entre la Turquie et la Syrie], Arzawa [dans l'ouest de l'Anatolie] et Alashiya [Chypre], tous détruits d'un seul coup. Ils ont établi leur camp en un lieu unique, le pays d'Amurru [sur les rives de la Méditerranée, à la frontière entre la Syrie et le Liban]. Ils semèrent la désolation dans la population et son pays fut comme s'il n'avait jamais existé. » Après quoi Ramsès nomme les différentes ethnies que rassemblent les envahisseurs, décrits comme des barbares dont certains sont coiffés de plumes et d'autres vont torse nu. Plusieurs portent des noms égéens ou anatoliens. Les seuls aujourd'hui identifiés sont les Peleset : ce ne sont autres que les Philistins, ennemis jurés des Hébreux.

Il ne fait aucun doute que ces Peuples de la mer ont existé et qu'ils firent des ravages. Dans une lettre au roi de Chypre, le roi d'Ougarit écrit : « Mon père, voici que des bateaux l'ennemi est venu ; des villes miennes par le feu il a brûlées. » Mais on ne trouve pas trace de leur passage dans les palais mycéniens ou crétois ni même à Ougarit. Et pas non plus dans la capitale hittite, ce qui est moins surprenant tant elle est éloignée de la Méditerranée. Si l'on veut expliquer l'effondrement qui s'est produit autour de 800 av. S., il faut plutôt invoquer une conjonction de facteurs.

Nous savons aujourd'hui de manière certaine ce que certains archéologues avaient pressenti : des tremblements de terre en série se sont produits à cette époque. Un séisme a ébranlé les murs d'Ougarit vers 850. En Grèce, on parle même de

« tempête sismique » : des séismes se sont succédé sur une trentaine d'années depuis environ 825 av. S. jusqu'à environ 775. Mycènes et la ville voisine de Tirynthe ont été en partie détruites par l'un d'eux vers 800. La capitale hittite a aussi été touchée.

La Méditerranée orientale a également été affectée à répétition par de graves épidémies. Déjà vers 1 200 av. S. le rat noir, sans doute venu d'Inde par bateau, avait apporté la peste en Égypte – peut-être déjà la peste bubonique. Un chercheur pense aussi avoir identifié une épidémie de tularémie (transmise par les tiques), qui pourrait avoir été l'origine de la réduction des Hébreux en esclavage dans le nord du pays. Vers 950, des prisonniers égyptiens auraient apporté la peste aux Hittites. Deux rois hittites en sont morts dans les décennies suivantes. C'est même l'avènement de l'arme biologique : dans la guerre qui oppose Hittites et Arzawans, vers 920, les deux parties envoient des béliers atteints de tularémie derrière les lignes ennemies. Au début de l'*Iliade*, Homère évoque une terrible épidémie fauchant les guerriers grecs assiégeant Troie vers 900 ou un peu après : « Pour brûler les morts, d'innombrables bûchers sans relâche s'allument. » En 757, le pharaon Ramsès V semble avoir succombé à la variole. À en croire la Bible, les Philistins ont été frappés par une épidémie après leur victoire sur les Hébreux à Eben-Ezer. C'était bien mérité : ils s'étaient emparés de l'Arche de l'Alliance (le coffre contenant les Tables de la Loi).

Une question de vie ou de mort

S'il est un fil qui permet de relier tous ces événements, c'est bien le changement climatique. Toute une série de travaux récents viennent étayer cette hypothèse déjà émise il y a plus de soixante ans par un archéologue américain, puis écartée à tort.

Nous le savons désormais, une période d'aridité croissante s'est installée sur l'est méditerranéen à partir de 1 000 av. S. environ. Le niveau des lacs Van en Anatolie et Voulkaria dans l'ouest de la Grèce baisse fortement. Celui de la mer Morte tombe plus bas même que lors de la crise de 1 800 av. S. La diminution de la mousson sur les hauteurs de l'Éthiopie entraîne une réduction prononcée des crues du Nil vers

800. En Crète, les tilleuls, qui n'aiment pas le sec, disparaissent. Le chêne vert se répand dans les Balkans. En Syrie, à Chypre et dans le delta du Nil l'analyse des pollens témoigne d'une grave sécheresse, qui a duré 300 ans. Sans surprise, nous avons de cette époque de nombreux témoignages de famine. Vers 850 av. S., une reine hittite écrit à Ramsès II : « Je n'ai pas de céréales sur mes terres. » Sur une autre lettre hittite, on lit : « Savez-vous qu'il y a eu une famine au milieu de mes terres ? » Un roi hittite écrit à celui d'Ougarit pour lui demander des céréales : « C'est une question de vie ou de mort. » Les Hittites avaient pourtant construit d'énormes silos souterrains pour conserver le blé. Le pharaon Méneptah écrit avoir « demandé que des céréales soient mises sur des bateaux, pour garder vivante cette terre de Hatti » (celle des Hittites). Une lettre du même mentionne « l'envoi de céréales depuis l'Égypte pour combattre la famine à Ougarit ». Un roi d'Ougarit écrit : « Ici avec moi l'abondance est devenue famine. » La vallée du Nil reste souvent la seule région où les récoltes de céréales peuvent créer des surplus, mais elle est aussi affectée

à plusieurs reprises. En Grèce la sécheresse avait conduit les Mycéniens à entreprendre vers 930 av. S. d'énormes travaux de drainage dans le bassin marécageux du lac Copaïs, non loin de Chéronée. Ces aménagements hydrauliques sont détruits vers 825, peut-être en raison des guerres qui avaient éclaté entre cités mycéniennes. Le zébu indien, résistant à la sécheresse, se répand en Mésopotamie puis au Levant. Une analyse génétique récente donne raison à Hérodote, pour qui les Étrusques sont originaires de l'est de l'Anatolie, qu'ils avaient fui avec leur bétail en raison de la sécheresse.

Du coup, les invasions de « peuples de la mer » peuvent être interprétées comme celles des Libyens en Égypte ou encore, un millénaire auparavant, comme celles des Amorrites en Mésopotamie : des gens entraînés hors de chez eux par la sécheresse et la famine, cherchant ailleurs où razzier et s'installer. Une coalition de réfugiés climatiques, armés de pied en cap. Les archéologues peinent à faire la liste de leurs incursions, mais on conçoit que dans un contexte de royaumes affaiblis par la forte réduction des ressources agricoles ils aient pu faire des ravages. Eric Cline souligne une dimension supplémentaire : dans les décennies d'optimum climatique qui ont précédé, un intense réseau de relations commerciales s'était noué entre les États de l'Est méditerranéen et au-delà jusqu'en Inde. Il décrit « un âge d'or de l'internationalisation et de la globalisation », facilité par la lingua franca de l'époque, l'akkadien (écrit en cunéiforme). Les tensions issues de la sécheresse, fauteuse de guerres, de piraterie et de migrations, ont déstabilisé cet ordre commercial, ce qui a eu pour effet en retour d'accroître la fragilité des États.

Le fer et l'alphabet

Les deux ou trois siècles qui prolongent ce cataclysme civilisationnel, donc en gros entre 750 et 500 av. S., sont dits obscurs, car les témoignages archéologiques et les sources écrites ont tendance à se tarir. Mais on peut aussi mettre en évidence un effet de résilience. Car c'est le moment de l'entrée dans l'« âge du fer » (qui se substitue au bronze). On en suit l'évolution dans l'*Iliade*, composée plus tard : les héros se battent avec des armes de bronze, mais au livre IV des archers troyens décochent des flèches en fer, tandis qu'au livre XXIII, lors des jeux funéraires organisés après la mort de Patrocle, Achille offre en prime un gros lingot de fer. C'est aussi pendant ces siècles que se répand l'usage de l'alphabet. Et c'est vers la fin de cette époque que se constituent les royaumes d'Israël et de Juda, où s'impose Yahvé, le dieu de l'orage, des pluies et des rivières.

Le lieu le plus symbolique de cette renaissance n'est pas en Israël mais plus au nord : ce sont les cités phéniciennes établies sur l'actuelle côte libanaise. Libérées de la domination égyptienne et de la menace hittite, ces villes de marins se sont constituées en cités-États. La plus en vue aux lendemains de l'effondrement est connue sous son nom grec Byblos, mot désignant à l'origine le papyrus et dont est dérivée la « Bible » (le livre en papyrus). À l'époque elle s'appelle Gebal. Elle est construite sur un promontoire et c'est de son port que sont expédiés vers l'Égypte les cèdres du Liban, utilisés pour la construction des temples et des navires. En 675 av. S., donc un siècle après la victoire de Ramsès III contre les Peuples de la mer, un dignitaire égyptien, peut-être le pauvre Ramsès XI, pâle copie de ses illustres prédécesseurs, tente à nouveau de s'y approvisionner en cèdres. Mais il manque tristement de moyens, son émissaire doit emprunter un bateau marchand étranger pour s'y rendre et il n'apporte qu'une petite quantité d'or et d'argent. Il se fait éconduire par le roi de Byblos, qui lui rappelle avec mépris le temps où l'Égypte envoyait jusqu'à six navires chargés de métaux précieux en échange des cèdres.

C'est à Byblos que l'alphabet phonétique se constitue véritablement, comme en témoigne une inscription gravée sur un sarcophage royal quelques décennies après l'incident des cèdres. Contemporain de Socrate, Hérodote rend hommage à l'héritage phénicien : « Ces Phéniciens ont apporté en Hellade, outre bien d'autres formes de savoir, l'alphabet, qui était inconnu jusqu'alors. » L'alphabet phénicien est à l'origine de tous les alphabets modernes, y compris l'arabe et l'hébreu.

II

APRÈS SOCRATE

10

La punaise de l'ortie

Ou comment la civilisation romaine, née sous les auspices d'un bel optimum, ayant fait les frais d'un changement climatique majeur, perdit de sa superbe et finit par s'effondrer.

Les faits sont comme des poissons nageant dans un océan immense et parfois inaccessible. Ce que l'historien attrape dépend parfois du hasard mais surtout de la partie de l'océan où il choisit de pêcher et du matériel de pêche utilisé – ces deux facteurs étant bien sûr déterminés par le type de poisson qu'il veut attraper. L'historien obtient les faits qu'il veut.

Edward HALLETT CARR, *What is History ?,* 1961

« Par Héra ! quel beau lieu de repos ! Ce platane s'étend très largement et s'élève très haut ; et ce gattilier élancé répand aussi un merveilleux ombrage. Comme il est au plus haut de sa fleur, il dégage en ce lieu l'odeur la plus suave. Voici encore que, sous ce platane, la plus agréable des sources épanche une eau très fraîche, comme l'indique ce que mon pied ressent. [...] Goûte encore, si tu veux, tout ce qu'a d'attrayant et de très agréable le bon air que ce lieu permet de respirer ; il accompagne le chœur des cigales d'une harmonieuse mélodie d'été. Mais c'est le charme de l'herbe qui plus que tout m'enchante ; en pente douce, elle a poussé en quantité suffisante pour qu'on s'y étende et qu'on ait la tête parfaitement à l'aise. » Écrit un peu moins de trente ans après la mort de Socrate, le *Phèdre* de Platon évoque l'agrément de vivre en Grèce en ce temps-là.

C'est devenu un lieu commun de penser que la longévité de Sapiens, après avoir diminué lors du passage du statut de chasseur-cueilleur à celui d'agriculteur, est restée très basse jusqu'aux progrès enregistrés dans la seconde partie du XIXe siècle industrialisé. En réalité, la longévité a varié en fonction des conditions de vie. Ainsi en Grèce puis dans la Rome républicaine, le climat et l'hygiène de vie étaient tels que la longévité de ceux qui survivaient aux aléas de la naissance et de la petite enfance était voisine de ce qu'elle sera en Europe à la veille de la Seconde Guerre mondiale. Dans la Grèce classique (V^e^ et IVe siècles avant notre ère), la durée de vie de la quelque centaine de personnages dont nous connaissons les dates de naissance et de mort était de soixante-dix ans. Plusieurs sont morts centenaires. Lors de son procès, Socrate a soixante-dix ans et est dans la force de l'âge ; à aucun moment il n'est présenté comme un vieillard.

Socrate et Platon vivent dans la première période de ce qu'on appelle à tort l'optimum romain : des siècles chauds et bien arrosés qui ont fait du pourtour de la Méditerranée sinon un éden, du moins un écosystème où il fait bon vivre. L'optimum s'est installé après les « siècles obscurs » évoqués au chapitre précédent, marqués autour de 300 à 100 ans avant Socrate par un refroidissement sensible, baptisé « minimum homérique ». Les Saserna, deux Romains écrivant 300 ans après la mort du philosophe, évoquent les temps où, en raison du froid, en certaines régions ni la vigne ni l'olivier ne pouvaient être cultivés. L'optimum est brièvement interrompu à deux reprises, une première fois dans le siècle qui suivit la mort de

Socrate, la seconde lors de la conquête de la Gaule par César. Le premier épisode est plus ou moins concomitant de l'expansion des Celtes, qui pillent la jeune Rome en 387 avant notre ère ; il est peut-être à l'origine de crises de subsistance en Grèce mais on n'en trouve pas trace dans les *Philippiques* de Démosthène et cela ne semble pas avoir gêné la carrière d'Aristote. Caractérisé par des pluies de printemps abondantes, l'optimum favorise l'essor de Carthage et de Rome. Quand Hannibal franchit les Alpes, il fait aussi bon que de nos jours. L'optimum dure jusque vers 200 après l'époque de Jésus, lequel en bénéficie : la Galilée décrite par Renan n'a rien à envier aux environs d'Athènes tant prisés par Platon. Cet optimum s'étant donc étalé sur sept siècles, l'historien américain John Brooke préfère parler d'« optimum classique ». Une sérieuse détérioration s'engage au IIIe siècle de notre ère, ce qui conduit un nombre croissant d'historiens, encouragés par les progrès de la paléoclimatologie, à étayer l'hypothèse d'un rôle du climat dans la chute de l'Empire romain.

Les deux chutes de Rome

Au moment de son extension maximale, à la fin du règne de Trajan en 117, l'Empire contrôlait une région gigantesque allant de l'Angleterre à l'Espagne et à la Grèce, de l'Afrique du Nord au Moyen-Orient, Égypte et Anatolie comprises, couvrant 6 millions de kilomètres carrés. Ses 75 millions d'habitants représentaient peut-être 20 % de la population du globe. La ville de Rome comprenait un million d'habitants et un millier de villes étaient reliées par quelque 80 000 kilomètres de routes. Cent trente ans plus tard, au cours de ce qu'on appelle la crise du IIIe siècle ou encore « la première chute de Rome », l'Empire donna l'impression de se disloquer. Selon le récit qu'en fera au siècle suivant l'historien Eutrope : « Les Alamans ravagèrent les Gaules et pénétrèrent en Italie. La Dacie, au-delà du Danube, fut perdue. La Grèce, la Macédoine, le Pont, l'Asie furent dévastés par les Goths. Les Sarmates et les Quades pillèrent la Pannonie [au sud du Danube]. Les Germains pénétrèrent en Espagne [...]. Les Parthes [les Perses], maîtres de la Mésopotamie, commencèrent à convoiter la Syrie. » À Rome, des militaires issus de la région du Danube s'installent sur le trône. L'Empire se redresse, cependant, et en 324 Constantin se loge dans une ville facile à défendre, Byzance, renommée Constantinople. Mais en 378 son successeur subit une catastrophique défaite devant les Goths, à Andrinople sur l'actuelle frontière bulgare. En 395, les deux moitiés de l'Empire sont définitivement séparées. Le 31 décembre 406, des Barbares franchissent le Rhin et conquièrent l'Espagne. En 410, le Goth Alaric entre dans Rome et en 452 Attila envahit la vallée du Pô. Trois ans plus tard les Vandales pillent l'ancienne capitale. À l'est, l'Empire byzantin subsiste et même prospère mais en 541, un an après que l'empereur Justinien a repoussé non sans mal une offensive perse, il vacille sous les effets dévastateurs d'une épidémie de peste comparable à celle de la peste noire au Moyen Âge. La pandémie va s'étirer sur deux siècles. En 614, les Perses prennent Jérusalem et en 637 c'est au tour des Arabes. L'« Empire » ne contrôle plus que l'Anatolie.

Un historien allemand s'est amusé à compter le nombre d'hypothèses émises pour expliquer la chute de l'Empire romain : 210. Un tantinet absurde, car bien sûr les grands événements historiques sont le résultat de processus complexes, de « causes multiples », dit-on ; la question est de savoir s'il y en a eu des principales. À la fin du XVIIIe siècle le grand historien anglais Edward Gibbon a publié une monumentale histoire du déclin et de la chute de l'Empire romain, pour aboutir à cette conclusion : « Le déclin de Rome a été l'effet naturel et inévitable d'une grandeur immodérée. La prospérité a fait mûrir le principe de décomposition ; les causes de destruction se sont multipliées avec l'extension des conquêtes ; et dès que le temps ou le hasard en a ôté les étais artificiels, le stupéfiant édifice a cédé sous la pression de son propre poids. » Une leçon de morale, donc, en partie destinée à adresser un avertissement à l'Empire britannique. La thèse de Gibbon est peu ou prou restée l'explication dominante pendant deux siècles et certains s'y accrochent encore.

En 2017 l'historien américain Kyle Harper a jeté un gros pavé dans la mare en publiant un livre qui met en avant les causes « naturelles » de l'effondrement, en l'espèce deux causes qui se sont selon lui efficacement conjuguées : les épidémies et le climat. Un livre doublement offensif, car il met en cause la lucidité de générations d'historiens, et il le fait dans une langue agréable, susceptible de toucher un large public. Il s'est logiquement attiré une volée de bois vert. Les critiques « académiques » de son livre sont souvent fielleuses, parfois hargneuses ; certaines visent juste, cependant, car sur des points de détail Harper fait manifestement fausse route, tandis que son enthousiasme de vulgarisateur le fait volontiers céder à des exagérations et à des généralisations abusives.

Des proxies, en veux-tu, en voilà

Je vais donc laisser Harper pour me concentrer sur les acquis de la littérature scientifique – qui dans l'ensemble étayent sa thèse. Ils sont issus de toute une série de moyens de mesure et d'évaluation indépendants. Concernant l'Empire romain, les spécialistes recensent pas moins de onze ensembles d'indices matériels (proxies) indépendants les uns des autres, qu'il est donc possible de comparer. Ces indices s'ajoutent aux données de base que sont les variations de l'activité du Soleil, celles de l'inclinaison de la Terre par rapport au Soleil et du chemin qu'elle parcourt en tournant autour ainsi que les variations des grands systèmes océano-atmosphériques que sont (entre autres) l'Oscillation de l'Atlantique nord (NAO) et la Zone intertropicale de convergence (ZIC), qui détermine les moussons. Les principaux proxies sont les carottes glaciaires, l'avance et le recul des glaciers, les éruptions volcaniques, les spéléothèmes (stalagmites), les pollens fossiles, les sédiments marins et lacustres, le niveau des lacs, les crues des rivières, les squelettes et les dents, les artefacts datables au C14 ; et les fameux cernes des arbres, dont la double croissance annuelle reflète les variations de la chaleur et de l'humidité. Si j'y ajoute les documents écrits, je vois que j'en suis déjà à douze… Il y en a d'autres, et on en découvre sans cesse de nouveaux. Des scientifiques se sont par exemple rendu compte qu'ils pouvaient exploiter l'analyse des dépôts calcaires sur les parois des aqueducs romains, les isotopes du bois de la rampe utilisée pour le siège de Masada en Israël ou encore la latitude à laquelle est présente la punaise de l'ortie en Grande-Bretagne.

Les données recueillies ne sont pas toujours faciles à interpréter, d'autant que certaines se contredisent et que le climat a pu changer de manière contrastée selon les régions de l'Empire. Ainsi le climat du Levant non seulement diffère de celui de la péninsule Ibérique mais a tendance à évoluer en sens contraire en fonction des phases de la NAO – « tendance » seulement, car l'Est méditerranéen est aussi influencé par la mousson ; au sein même du Levant, la partie nord peut échapper à une sécheresse frappant le sud. Il est néanmoins désormais possible de dégager les grandes lignes de ce qui s'est effectivement passé.

Si l'on considère que l'Empire romain commence en gros à l'époque de César et s'achève avec l'entrée d'Alaric dans Rome en 410 pour la partie occidentale et avec la conquête arabe du Levant pour la partie orientale, cela donne deux périodes d'intérêt : de –50 à 410, soit 460 ans ; de 410 à 640, soit 230 ans supplémentaires. Deux tiers-un tiers. Sept siècles à explorer.

De –100 à 200, le climat méditerranéen a été d'une exceptionnelle stabilité. Chaud et bien arrosé. La période 21-50 a représenté les trente années les plus chaudes de notre ère jusqu'aux années 2000. Au IIe siècle, les glaciers alpins étaient aussi courts qu'aujourd'hui. En Angleterre, la remontée de la punaise de l'ortie vers le nord témoignait de températures de juillet d'au moins 2 °C supérieures à celles du milieu du XXe siècle. Il pleuvait plus en Égypte que de nos jours, les crues du Nil étaient abondantes et le blé égyptien permettait aux empereurs de constituer d'énormes réserves. La température des eaux de la Méditerranée, au large de la Sicile, était de 2 °C supérieure à la température actuelle.

« Le monde a maintenant vieilli… »

Des signes de changement apparaissent à partir de 150 et s'accentuent à partir de 200. Les crues du Nil se font moins régulières. Faible jusque-là, l'activité volcanique de la Terre s'intensifie – source d'années où un soleil voilé refroidit l'atmosphère. La mer Morte, bien remplie, voit son niveau baisser. Le climat devient plus instable à partir de 250, ce dont témoigne par exemple une stalagmite sur la côte de la mer Noire ou encore les variations de l'hygrométrie dans le nord-est de la France et l'Europe centrale (pic de sécheresse en 300). Les cernes d'arbres autrichiens indiquent un fort refroidissement entre 243 et 253. L'activité solaire signale un épisode froid vers 260. Le grand glacier d'Aletsch, en Suisse, recommence à grossir à partir de 272. Une série d'éruptions volcaniques entre 235 et 285 a pu créer ou accentuer des épisodes froids.

Dans les années 250, Cyprien, évêque de Carthage, écrit : « Le monde a maintenant vieilli, il n'est plus soutenu par les forces qui le soutenaient [...]. En hiver, les pluies ne sont pas assez abondantes pour nourrir les semences ; en été, il n'y a pas la chaleur habituelle permettant de mûrir les moissons ; les printemps ne procurent plus l'agrément de leur température ni les automnes la même abondance de fruits dans les arbres. »

Il existe donc au moins une coïncidence entre la crise du IIIe siècle (la « première chute de Rome ») et cette dégradation sensible du climat en Méditerranée comme en Europe centrale. Kyle Harper pense que la crise a été aggravée par une grave épidémie de peste, la « peste de Cyprien », qui a ravagé Carthage en 249-262 ; mais son extension à l'ensemble de l'Empire romain reste controversée.

Le IVe siècle se traduit par un retour relatif de l'optimum, qui coïncide avec le redressement de l'Empire. Le climat se réchauffe nettement, surtout dans la deuxième moitié du siècle. La punaise de l'ortie remonte très haut en Grande-Bretagne !

Les Huns franchissent le Don

Mais ce qui est vrai en Méditerranée et en Europe de l'Ouest ne l'est pas forcément ailleurs. Entre 338 et 377, les steppes d'Asie centrale, qui s'étendent depuis les plaines de Hongrie jusqu'en Mongolie orientale, sont en proie à une terrible sécheresse et ce n'est certainement pas un hasard si les Huns, qui sont des Turcs, franchissent le Don en 375. La portée de leurs arcs est de 400 mètres et la peur insigne qu'ils suscitent chez les Goths pousse ceux-ci à se masser sur les rives du Danube et à implorer les Romains de les laisser passer. Ce qu'ils font. Bien mal leur en prend, puisque les Goths se retournent vers leurs bienfaiteurs et les taillent en pièces à Andrinople. C'est aussi sous la pression des Huns, estime l'historien allemand Mischa Meier, que les « Barbares » franchissent le Rhin le 31 décembre 406. Au milieu du Ve siècle, un nouvel épisode de sécheresse sévère en Asie centrale s'accompagne d'une nouvelle offensive des Huns. Si Attila ne descend pas au-delà de Milan en 452, c'est apparemment par crainte du paludisme.

Alors qu'au Ve siècle les greniers à blé qui avaient alimenté Rome, de l'Afrique du Nord à l'Égypte en passant par la Sicile, s'étaient taris, l'empire d'Orient pouvait compter sur un climat humide favorisant des récoltes abondantes. Mais la situation s'est complètement inversée au siècle suivant, marqué par le début de ce que les Anglo-Saxons appellent le LALIA, en bon français le Petit Âge glaciaire de l'Antiquité tardive. Un premier signe du refroidissement est la multiplication des famines (huit recensées entre 525 et 549). La température de la Méditerranée commence à baisser. Une énorme éruption volcanique dans l'hémisphère Nord fait de 536 une « année sans été ». « Toute cette année la lumière du Soleil est restée aussi pâle que celle de la Lune », note l'historien Procope, qui en a été témoin. Une éruption encore plus forte, en 540, provenant cette fois des tropiques, cause une autre « année sans été ».

Et en 541 s'abat l'un des pires fléaux qu'ait connus l'humanité : une épidémie de peste bubonique, qui va bientôt se transformer en pandémie, avec des résurgences étalées sur deux siècles. C'est la « peste de Justinien », du nom de l'empereur d'Orient qui régnait alors. Constantinople est ravagée. La peste « a presque balayé l'ensemble du genre humain », écrit Procope.

À en juger par les cernes des arbres des Alpes autrichiennes et de l'Altaï, la décennie 540 est dans cette région du monde la plus froide de tout l'holocène. En 570, les Avars investissent la côte nord de la mer Noire et toute la région danubienne. L'année suivante, poussés par les Avars, les Lombards envahissent le nord de l'Italie. À l'est en 573 les Perses Sassanides s'emparent de la Syrie. Le LALIA va durer jusque vers 660.

Selon une hypothèse récente, l'Arabie et les déserts adjacents, plus arrosés, se sont couverts d'une végétation arbustive ayant favorisé l'expansion des troupeaux de dromadaires et indirectement la conquête arabe.

11

Le Serpent à plumes

Ou comment dans l'Amérique précolombienne l'extraordinaire civilisation maya mais aussi celles de Monte Albán et de Teotihuacan n'ont pu résister à l'offensive de méga-sécheresses dues à la colère des dieux.

Le bon historien ressemble à l'ogre de la légende.
Là où il flaire la chair humaine, là est son gibier.

Marc BLOCH, *Métier d'historien,* 1948

Une fois en Amérique, Sapiens a bientôt essaimé jusqu'au Chili et en Terre de Feu. Il est présent au Mexique dès 24 000 avant Socrate. Au chapitre 5 je l'ai laissé à l'époque du dryas récent, la vague de froid qui a précédé notre cher holocène, entre 10 500 et 9 300 av. S. Comme au Levant et en Chine, les Américains vont inventer l'agriculture. Mais ils le font plus tard, vers 5 600 av. S. Pour autant qu'on le sache, cela se passe en plein centre des deux Amériques, à l'extrême sud-ouest du Mexique, à la latitude de la presqu'île du Yucatán. On a trouvé là, dans une grotte, les premières traces de domestication d'une plante locale, une courge. Pour le maïs, qui allait devenir le principal aliment de l'Amérique centrale, il faut encore attendre longtemps : les premières traces sont identifiées dans cette même grotte, vers 3 800 av. S. La poterie apparaît un millénaire plus tard. Et c'est dans cette vaste région au climat tropical que vont naître, se développer et mourir de remarquables civilisations, sur une durée allant en gros de l'époque de la fin de Mycènes à l'an mille. La plus célèbre est celle des Mayas, mais en réalité il faut plutôt concevoir un ensemble civilisationnel dont les Mayas ne sont que la composante la plus brillante.

Le sang et les dieux

Tout ou presque commence avec le miracle olmèque, sur la côte chaude et humide du golfe du Mexique, au nord du

Yucatán, au moment où en Méditerranée d'autres civilisations s'effondrent comme un château de cartes (chapitre 9). Entre 800 et 500 av. S., les Olmèques du site de San Lorenzo reconfigurent un vaste territoire, savamment drainé, où ils cultivent le maïs. Alors qu'ils ne disposent ni d'outils en métal ni d'animaux de trait, ils construisent un grand centre cérémonial et sculptent dans le basalte des têtes monumentales, aux grosses lèvres et au nez épaté. Après 500, c'est dans la cité voisine de La Venta qu'est érigée la première pyramide mésoaméricaine. Pas à bords lisses et à bout pointu, comme en Égypte, mais à degrés, les marches conduisant à une plateforme sur laquelle se dresse un temple. Sculptures et objets en céramique témoignent d'un art consommé, digne de Sumer. Aux côtés du dieu du maïs, d'autres divinités se profilent, dont le serpent à plumes, qui va irriguer les mythologies mésoaméricaines jusqu'aux Aztèques. Indéchiffrables, quelques glyphes évoquent déjà l'écriture maya. Les spécialistes détectent les prémices d'une croyance fondamentale, celle que les dieux « ont donné vie aux hommes en sacrifiant des parties de leur corps et en perdant du sang, écrit la linguiste italienne Silvia Ferrara. Le sang doit donc revenir aux dieux ». D'où les automutilations et mutilations, présentes dans toutes les civilisations subséquentes. Les Olmèques pratiquent aussi déjà un jeu fortement ritualisé, dans lequel on se renvoie une grosse et lourde balle de caoutchouc. Malheur aux vaincus ! La civilisation olmèque s'efface soudainement avec la destruction de La Venta, l'année même du procès de Socrate.

Loin des basses terres du golfe du Mexique, sur les hauteurs semi-arides des vallées de Mexico et d'Oaxaca, vers 2 000 mètres d'altitude ou davantage, d'autres cités imposantes s'érigent dans la période s'étendant de 200 av. S. jusqu'au VIIe siècle de notre ère. À Cuicuilco, détruite par des éruptions volcaniques à l'époque de Marc Aurèle, on voit encore les bases d'une « pyramide » circulaire construite vers 400 à 200 av. S. Mieux conservé est le site de Monte Albán, la capitale des Zapotèques. Construite peu avant la naissance de Socrate sur un promontoire visible des quatre horizons, la cité-État prospère jusqu'à l'époque de Clovis, le roi baptisé. Des escaliers monumentaux flanquent de larges plateformes sur lesquelles campent temples et demeures princières. On a exhumé deux terrains de jeux de balle en caoutchouc. Un gros mur d'enceinte protège la ville et des stèles gravées représentent des prisonniers torturés : la guerre semble déjà une institution. Les Zapotèques ont développé la première véritable écriture mésoaméricaine, mais ses glyphes restent indéchiffrés.

Statues en miettes

Et le climat, dans tout cela ? Patience. La plus grande cité du monde préhispanique est fondée à 350 kilomètres au nord de Monte Albán, non loin de l'actuelle Mexico, vers l'époque de la naissance de Jules César. Au moment du sac de Rome par Alaric, Teotihuacan compte peut-être 100 000 habitants. Son économie est fondée sur la culture du maïs par irrigation, alimentée par les pluies de printemps. Des réservoirs permettent de faire face à la saison sèche. Trois pyramides dominent le site. Il faut les imaginer peintes à l'oxyde de fer, la couleur du sang. Sur la terrasse formant le sommet de la pyramide dédiée au dieu Soleil, des humains sont sacrifiés. Le prêtre enlève le cœur de la victime avec une lame d'obsidienne. La plus grande des pyramides est celle dite du Serpent à plumes, divinité dont la tête sculptée ponctue les parois. Sous la pyramide, un tunnel conduit à une chambre située 17 mètres sous le centre du monument, où est reconstitué un paysage miniature, avec des montagnes et de petites mares emplies de mercure liquide représentant des lacs. Les murs et le plafond du tunnel sont imprégnés d'une poudre de pyrite qui étincelle au passage d'une lampe, donnant le sentiment d'être dans le ciel étoilé.

Teotihuacan est mise à sac en 550, au moment où la peste de Justinien ravage Constantinople. Les pyramides sont incendiées, les sculptures arrachées des façades, les statues réduites en miettes. Les spécialistes s'interrogent toujours sur les raisons de ce cataclysme, mais en 2012 un principal suspect a été identifié. Grâce à l'analyse isotopique d'une stalagmite, l'équipe du géophysicien américain Matthew Lachniet a permis de retracer à dix années près l'évolution de la mousson dans le bassin de Mexico depuis 2 400 ans. Une sécheresse centenaire s'est aggravée au fil des ans. Le point culminant entoure la date de la mise à sac. De quoi étayer les données archéologiques. Des squelettes de jeunes du VIe siècle témoignent de carences alimentaires. Et ce n'est sans doute pas un hasard si les destructions de 550 ont spécialement visé les statues du dieu de l'orage. Conclusion plausible : les dieux n'apportant plus la pluie, les élites politico-religieuses, qui en sont les intercesseurs, ne sont plus crédibles. S'ensuivent trois siècles de « méga-sécheresse », qui empêchent la cité-État de reprendre une vie normale. Les monuments de Monte Albán sont aussi abandonnés pendant cette période.

Second effondrement

À 500 kilomètres à l'est de Monte Albán mais juste au sud de l'ancien pays olmèque commencent les basses terres tropicales jouxtant la péninsule du Yucatán. Nous entrons dans le pays maya, qui a vu se développer à l'époque d'Athènes et de Rome et jusque vers le temps de Charlemagne l'une des plus étonnantes civilisations créées par Sapiens. Sans connaître la roue ni l'usage des métaux, sans animaux de trait, ils ont transformé les paysages, érigé des pyramides et des palais monumentaux, produit d'admirables fresques et un foisonnement de sculptures déconcertantes, inventé une écriture sophistiquée, développé une mythologie complexe et analysé le mouvement des astres avec une précision digne des Babyloniens.

Comme le prouve la découverte en 2020 par détection aérienne (Lidar) d'une vaste plateforme d'observation astronomique construite à l'époque des Olmèques, cette civilisation réserve encore des surprises. Au moment du procès de Socrate, les Mayas avaient déjà construit des temples aux façades décorées de masques en stuc représentant des dieux et commencé à ériger des stèles gravées de symboles narrant les exploits de leurs chefs. L'écriture proprement dite apparaît vers le IIIe siècle avant notre ère, époque où se forme la première grande cité, El Mirador. La plus haute de ses multiples pyramides dépasse celles de Teotihuacan. Lors de la naissance du Christ, la cité rassemble quelque 200 000 habitants. Et puis vers 150 de notre ère elle est désertée. L'archéologue Richard Hansen, spécialiste incontesté de cette cité encore enfouie dans la jungle et inaccessible aux touristes, formule un diagnostic qui rappelle celui de Gibbon sur l'Empire romain : les dirigeants ont sacrifié l'équilibre écologique à leur soif de magnificence. Mais l'analyse de stalagmites découvertes dans des grottes, dont l'une est particulièrement fiable, suggère que l'aveuglement des dirigeants n'était pas seul en cause : les trois premiers siècles de notre ère ont été marqués dans cette région par une sécheresse croissante, dont on imagine sans peine qu'à partir d'un certain point elle a mis en péril l'écosystème agricole.

D'énormes réservoirs

Après un temps mort, la civilisation maya reprend vers 250-300 un peu plus loin dans le sud du Yucatán. En dépit d'une brève offensive de la sécheresse autour de 536, elle poursuit son essor pour atteindre le zénith de sa splendeur (et de sa brutalité) dans la première moitié du VIIIe siècle. Le grand déclin se produit au siècle suivant, par étapes.

Relativement imprévisible d'une année sur l'autre, le climat est marqué par une saison sèche qui va de janvier à avril. Il pleut davantage dans le sud du Yucatán que dans la partie nord, mais dans ce terrain karstique l'eau ne reste pas en surface. Elle rejoint une nappe phréatique inaccessible, à plusieurs centaines de mètres de profondeur. Comme dans la civilisation de l'Indus, les Mayas ont aménagé d'énormes réservoirs. Et comme trois millénaires plus tôt à Sumer, le territoire est ponctué de cités-États qui rivalisent et se font la guerre. Vers 700, la plus imposante est Tikal. Conquise par Teotihuacan vers 378 (on y a retrouvé une réplique de la pyramide du Serpent à plumes), elle avait repris son indépendance. Un palais est construit sur cinq étages et ses temples pyramides sont les plus hauts de toute l'architecture précolombienne. Ses réservoirs permettent de faire face à dix-huit mois de sécheresse. Comme dans les autres cités, on y trouve un terrain pour le jeu de balle. Les représentations associent souvent ce jeu à des sacrifices humains, et des archéologues pensent que parfois la balle, au lieu d'être en caoutchouc, est une tête humaine.

L'essor démographique qui accompagne la période classique conduit à une exploitation de plus en plus intensive des terres cultivables et à une déforestation massive des collines environnantes. Dans son best-seller *Effondrement*, le géographe américain Jared Diamond voit dans la fin de la grande époque des Mayas la conjugaison de cinq facteurs : la croissance démographique a excédé les ressources disponibles ; la déforestation et l'érosion ont épuisé les sols ; face à la raréfaction des ressources, les guerres se sont multipliées ; l'agriculture du maïs n'a pas résisté à une sécheresse de durée et d'intensité sans précédent ; obsédée par des préoccupations à courte vue, l'élite dirigeante n'a pas su prendre à temps les mesures qui s'imposaient. C'est un bon résumé des constats faits par les spécialistes à la fin des années 1990. Depuis lors les paléoclimatologues ont fait merveille et désormais le facteur climatique est passé au premier plan.

Spéléothèmes

Diamond connaissait les résultats de forages dans les sédiments de lacs présents au Yucatán, témoignant d'une série de sécheresses entre 800 et 1100, avec deux phases majeures longues d'un siècle pour la première, de près de deux siècles pour la seconde. Mais la marge d'erreur de la méthode de datation, fondée sur le carbone 14, est de plus ou moins un siècle, ce qui rendait le résultat plutôt flou. Plusieurs autres mesures sont venues affiner le tableau, par analyse de petits crustacés fossiles dans un autre lac, de deux stalagmites situées l'une dans le nord, l'autre dans la partie centrale du Yucatán et surtout de la stalagmite déjà évoquée à propos d'El Mirador, située dans les basses terres à la base de la péninsule. Résultat : une période exceptionnellement bien arrosée entre 440 et 660, au cœur de la période dite classique, suivie d'une aridification croissante jusque vers l'an 1000, après quoi survient le siècle le plus sec que la région ait connu en 2 000 ans. Se surimposent à cette tendance de fond deux périodes de sécheresse sévère, la première de cinquante ans entre 820 et 870, la seconde plus courte autour de 930. La longueur des sécheresses sévères excède largement les capacités des réservoirs. Comme le maïs ne peut pas être stocké plus d'un an en raison de la durée de la saison des pluies, le problème de subsistance est devenu insoluble.

La notion d'effondrement (*collapse* en anglais) est toujours à prendre avec précaution. S'il est indéniable que les grandes cités du Sud ont peu à peu été abandonnées, parfois au prix de violentes destructions rappelant celles de Teotihuacan en 550, la civilisation maya perdure ou renaît sous d'autres formes dans le nord du Yucatán. Jusqu'aux environs de l'an mille la sécheresse y est moins durement ressentie, car la nappe phréatique est beaucoup plus proche, de l'ordre de trente mètres, et de plus le terrain karstique est ponctué de larges fosses, appelées cenotes, qui offrent un accès direct à l'eau. La grande cité de Chichén Itzá s'y implante en relation étroite avec une autre civilisation, celle des Toltèques. Elle est à son tour abandonnée vers 1000 au moment d'une nouvelle offensive de la sécheresse, pire encore que les précédentes. Suit un siècle d'un « âge obscur ». Il faut attendre le retour d'une pluviosité normale pour voir émerger une nouvelle cité d'importance, Mayapán, copie dégradée de la grande époque maya. Nous voilà deux siècles avant l'émergence de l'Empire aztèque, qui s'établira plus au nord, sur les terres basses du golfe du Mexique jadis occupées par les Olmèques et les hautes terres où avaient fleuri (entre autres) les cités de Cuicuilco, Monte Albán et Teotihuacan.

Chaac et Quetzalcoatl

Deux divinités associées au risque de sécheresse auront résisté à ces cycles de splendeur et de décadence : le dieu de l'orage et de la pluie et le serpent à plumes.

Le premier, Tlaloc, a vu ses statues brisées à Teotihuacan en 550. On le retrouve sous une forme un peu différente chez les Zapotèques. Chez les Mayas il s'appelle Chaac. Il brandit vers le ciel hache de jade et serpents. En période de sécheresse on lui sacrifie volontiers jeunes garçons et filles. Le principal temple de Chichén Itzá lui est dédié. On précipite les sacrifiés dans un cenote avec des bijoux. S'inspirant de Teotihuacan, les Aztèques en reprendront le culte.

Déjà en gestation chez les Olmèques, le Serpent à plumes, Quetzalcoatl en langue nahuatl, est en gloire à Teotihuacan, où ses têtes sculptées alternent avec celles de Tlaloc sur les parois de la grande pyramide. Chez les Mayas il prend le nom de Kukulkan et à l'époque classique affiche une présence plus discrète, peut-être parce qu'il entre en concurrence avec un autre mythe fondateur, source de cérémonies sanglantes, dans lequel un serpent mythique joue un rôle d'intermédiaire entre les hommes et les dieux. Il revient en force à Chichén Itzá, sous l'influence des Toltèques. Double messager des forces souterraines et célestes, il est le dieu du maïs, dont les feuilles évoquent les plumes du quetzal et les grains les écailles du serpent. Un texte aztèque le présente ainsi : « Il est le vent, le guide et celui qui dégage la route des dieux de la pluie, des maîtres de l'eau. »

12

Le mariage de Sigrid Bjornsdottir

Ou comment de hardis Vikings ont profité d'une période de réchauffement pour s'installer au Groenland, puis en ont été chassés par l'arrivée du Petit Âge glaciaire.

Le bétail meurt, les hommes meurent, vous allez mourir
Mais la gloire ne meurt jamais pour l'homme qui l'atteint.

Hávamál, poème viking

Après un « puissant hiver », « noirs sont devenus les rayons du Soleil dans les étés qui suivirent », chantent les bardes. Plus encore que Constantinople, les sociétés des pays nordiques souffrent des années « sans été » dues aux éruptions volcaniques géantes des années 536 et 540. Et comme dans une bonne partie de l'hémisphère Nord, mais avec une rigueur accrue en raison de la latitude, la Scandinavie reste jusque vers 660, cent vingt ans plus tard, aux prises avec les étés froids de ce que les climatologues anglo-saxons appellent le LALIA, le Petit Âge glaciaire de l'Antiquité tardive. Les cultures sont maigres, le fourrage vient à manquer. Famines, maladies et migrations privent la région de la moitié de sa population. Voilà l'impitoyable creuset où se forge la culture viking, avec ses terrifiantes Valkyries, ses sacrifices humains, sa passion du pillage et du meurtre, ses esclaves, ses orgies, un culte de la bravoure frisant une témérité suicidaire, mais aussi une pratique de la démocratie élective, un art de l'arbitrage et, du moins au sein de l'aristocratie, un respect inhabituel de l'autonomie et de l'autorité féminines. Ces guerriers paysans, qui avaient échappé aux incursions des Huns, allaient semer la terreur mais aussi commercer et s'implanter par les fleuves jusque dans la Russie profonde et aux confins de la mer Noire, par la mer jusque sur les territoires de l'antique Carthage, en suivant les méandres de la Seine jusqu'à Paris et bien sûr en Angleterre, en Écosse et en Irlande. Le premier raid viking est attesté en 750 en Estonie. Sur l'île de Saaremaa ont été exhumés récemment deux navires sarcophages. Dans le plus petit, qui fait tout de même 11 mètres de long, les corps de six hommes sont placés par paires, assis droits et tenant leurs avirons, un septième à la barre. Dans le plus grand (17 mètres), trente-six hommes grands et jeunes sont allongés face contre la sole, leur épée au côté, portant de terribles blessures. Des pièces d'un jeu comparable aux échecs, fabriquées en os et en bois de cervidé, sont éparpillées sur les corps. On a mis le roi dans la bouche d'un homme siégeant au centre, pourvu des armes les plus belles. La sophistication de ce rituel montre qu'à l'époque la culture viking est déjà solidement installée.

Erik le Rouge

Le premier Viking à avoir mis le pied en Islande y est arrivé par accident en 860, ayant été pris dans une tempête au large des Hébrides, au nord-ouest de l'Écosse. On connaît assez bien l'histoire de la colonisation de la grande île volcanique, grâce à la chronique d'un moine islandais du début du XIIe siècle qui a consigné les récits oraux transmis au fil des générations. Initiée vers 865, elle s'est opérée à la faveur du réchauffement climatique qui a suivi le LALIA. L'analyse isotopique de mollusques fossiles trouvés par forage au nord-ouest des côtes islandaises fournit un calendrier précis de l'évolution du climat dans la région. Il y faisait plus chaud qu'aujourd'hui lors de la première partie de l'optimum romain, entre 230 av. J.-C. et 40 après, et de nouveau plus chaud qu'aujourd'hui au sortir du LALIA, entre 600 et 760 (le LALIA s'est achevé ici plus tôt qu'en Europe). Le climat est resté clément jusque vers la fin du Xe siècle, moment où les températures se mettent à baisser sensiblement, d'abord en hiver, puis en été. Les maigres pâturages sont surexploités ; un été particulièrement froid en 975 ou 976 engendre une famine. Des îles ayant été découvertes à l'ouest de l'Islande par un navigateur déporté par une tempête, l'idée vient d'aller les explorer pour y trouver de nouvelles terres – peut-être aussi pour chercher de nouveaux rivages où tuer des morses afin d'en exporter l'ivoire, très prisé en Europe. Une première expédition se solde par un bain de sang, les colons s'étant querellés. C'est vers 982 qu'Erik Thorvaldson, dit Erik le Rouge en raison de ses cheveux roux, découvre ce petit continent qu'est le Groenland. Il avait atterri enfant en Islande, son père norvégien ayant été banni de son pays après un combat sanglant. Digne fils d'icelui, luttant pour obtenir des terres de plus en plus rares, il tue un certain nombre d'Islandais et se fait bannir à son tour, pour trois ans. Il annonce reprendre le chemin des îles mystérieuses. Ayant abordé le Groenland au-delà du cercle polaire, il suit la côte vers le sud, doublant le cap Farewell pour remonter ensuite la côte ouest vers le nord. Il y découvre des fjords très profonds dont l'extrémité est entourée de terres herbeuses où poussent de petits bouleaux, saules et aulnes : de quoi fournir pâtures, fourrage et bois pour une installation durable. Revenu en Islande après trois étés passés dans cette « terre verte » (Groenland), ainsi baptisée par lui à des fins de propagande, il convainc plusieurs familles de faire le voyage et repart avec vingt-quatre navires chargés d'animaux. Quatorze arrivent à bon port. Quatre cents personnes au total se répartissent les terres à l'extrémité de deux ensembles de fjords situés près de 500 kilomètres l'un de l'autre. La colonie la plus importante (établissement dit « de l'est », Eystribyggð) s'établit à l'extrême sud-ouest du Groenland ; l'autre, plus risquée, non loin du cercle polaire (établissement dit « de l'ouest », Vestribyggð). En arrivant, les Vikings trouvent des restes de bateaux et d'habitations dont on sait aujourd'hui qu'ils étaient le fait d'Inuits ayant abandonné ces régions méridionales en raison du réchauffement du climat. Erik installe sa ferme au bout d'un des fjords d'Eystribyggð, à une centaine de kilomètres de la mer. Motivée par leur fils Leif qui s'est converti au christianisme lors d'un voyage en Norvège vers l'an mille, Thjodhild, l'épouse d'Erik, s'y fait construire une minuscule chapelle aux murs de tourbe. Cent ans plus tard, Eystribyggð rassemble 190 fermes, douze églises, un monastère augustinien, un couvent de bénédictines et même une petite cathédrale, avec une cloche et des vitraux importés d'Europe. Vestribyggð compte 90 fermes et quatre églises. Une troisième colonie s'est installée entre les deux, avec vingt fermes. L'économie repose sur les animaux domestiques, vaches mais surtout moutons et chèvres. Dans les endroits les plus abrités, on cultive un peu d'orge, ce qui permet de faire de la bière. Et l'on chasse le caribou – le renne américain. Les colons doivent importer le fer, le bois de construction (pour leurs bateaux, surtout), du vin, des raisins secs, des noix et de quoi faire leur pain. En échange ils exportent des cornes de narval, vendues à prix d'or car prises pour des cornes de licorne, des défenses et des peaux de morse (celles-ci pour les cordages de navire), des peaux de phoque (pour manteaux et chaussures) et des fourrures d'ours polaire, parfois même des ours vivants. Ils exportent aussi des gerfauts, qui servent à la fauconnerie médiévale en Europe et dans le monde arabe. Ils rapportent ces produits d'expéditions annuelles menées loin au-delà du cercle polaire, le long de la côte ouest du Groenland et jusqu'à la côte orientale de la grande île de Baffin, à l'extrême nord-est du Canada.

Les baraques de Leif

En 986, un marchand islandais est pris dans le brouillard et un fort vent du nord. Après avoir dérivé plusieurs jours, il se trouve devant une côte boisée. Il ne débarque pas mais, sans le savoir, il a découvert l'Amérique. Quelques années plus tard, après son retour de Norvège, Leif lui achète son bateau et repart sur ses traces avec vingt-six hommes. En suivant la côte vers le sud depuis l'île de Baffin, il longe une longue zone boisée pour découvrir finalement une terre où pousse la vigne. Il se trouve sans doute du côté de l'embouchure du Saint-Laurent, où Jacques Cartier verra aussi de la vigne au début du XVIe siècle. D'après la *Saga des Groenlandais*, écrite près de deux siècles plus tard, Leif, qui y construit des longères, passe là un hiver très doux, décrit comme sans gel. C'est peut-être une exagération car à l'époque le climat, sans être très froid, n'est en moyenne pas plus chaud qu'aujourd'hui. Reste que le contraste avec l'hiver groenlandais devait être frappant. Leif et ses hommes coupent de grands arbres et retournent au pays chargés de madriers. Après Leif, son frère Thorvald revient passer un hiver au même endroit, baptisé Leifsbuðir (« les baraques de Leif »). Après quoi un certain Thorfinn Karlsefni y installe une véritable colonie. Son épouse y accouche d'un garçon. Mais il a maille à partir avec les Indiens, dont lui et ses hommes tuent un certain nombre (ce qui vaut à Karlsefni d'avoir sa statue à Philadelphie). Jugeant sans doute l'endroit moins hospitalier que prévu, ils repartent au Groenland. Comme l'observe l'historien John Haywood, se sont là rencontrés pour la première fois les descendants des Sapiens partis d'Afrique à la conquête de l'Est et ceux des Sapiens venus en Europe de l'Ouest.

Le site d'une installation viking a été retrouvé à l'extrême nord de Terre-Neuve, à l'est du golfe du Saint-Laurent. La question de savoir s'il s'agissait de Leifsbuðir reste ouverte, mais c'est peu probable, car sous réserve d'inventaire la vigne ne poussait pas si loin au nord. On y voit plutôt une étape sur la route du sud. Une nouvelle méthode de datation a permis d'établir que des arbres ont été coupés là par les Vikings vers 1021.

Bloqués par les glaces

En dépit de quelques probables épisodes très froids, les Groenlandais bénéficièrent pendant les deux ou trois siècles qui suivirent d'un climat relativement clément. Cette période correspond en gros à l'optimum médiéval qu'a connu l'Europe. La gigantesque éruption qui s'est produite en 1257 sur l'île de Lombok en Indonésie, dont on trouve des traces dans les glaces du Groenland, n'a probablement pas autant affecté cette région que d'autres parties du monde. Mais les températures commencent à baisser vers cette époque et la baisse s'accentue à partir de 1300, à l'entrée dans ce qu'il est convenu d'appeler le Petit Âge glaciaire. Alors même que les conditions de navigation deviennent plus difficiles, les Inuits se mettent à redescendre vers le sud, venant chasser dans les zones où les Vikings font leurs expéditions annuelles. Envoyé au Groenland en 1341, le prêtre Ivar Bardarson constate qu'en raison de l'extension de la banquise les bateaux sont obligés de faire route beaucoup plus au sud pour passer le cap Farewell et rejoindre les colonies vikings. Et quand il va quelques années plus tard visiter celle du nord, Vestribyggð, il la trouve abandonnée. Les squelettes de neuf chiens de chasse ont été retrouvés dans la ferme principale ; ils avaient été mangés. Vers 1380, la colonie intermédiaire avait aussi été abandonnée.

Dans la colonie du Sud, les conditions se sont aussi détériorées. La suzeraineté de la Norvège avait été acceptée en 1261 en échange de la garantie qu'un navire viendrait approvisionner Eystribyggð une fois par an. Mais en 1367 le navire fait naufrage et il n'est sans doute pas remplacé. Un été trop court ne fournit plus assez de fourrage et les habitants se nourrissent désormais à 80 % de viande de phoque – dont ils recueillent aussi l'huile. Les squelettes témoignent de déficiences alimentaires. À cela viennent s'ajouter deux malédictions. L'ivoire de morse est désormais concurrencé par l'ivoire d'éléphant, que les Européens peuvent se procurer aisément et qui est de meilleure qualité. Et puis vient la peste noire, qui ravage l'Europe. La moitié de la population norvégienne périt. Le marché sur lequel comptaient les Groenlandais s'effondre. Peu à peu, la population, qui n'a sans doute jamais dépassé 2 500 âmes, diminue. Ceux qui restent tiennent bon encore assez longtemps, ce dont témoigne la construction d'une église au XIVe siècle. C'est là que sont célébrées les noces de Sigrid Bjornsdottir le 16 septembre 1408. Elle était partie de Norvège pour l'Islande mais le bateau avait été déporté vers le Groenland, où il accosta en 1406. La glace accumulée dans les fjords du Sud le bloqua pendant trois ans. L'époux choisi par Sigrid était le capitaine. Ils regagnèrent l'Islande dès que le temps le permit. Sur place, les tensions étaient vives. On brûla une sorcière.

Dans les annales, ce mariage et ce départ symbolisent la fin de l'aventure viking au Groenland. Pas tout à fait cependant. Des pirates pillèrent Eystribyggð en 1418. On trouve encore des traces d'activité jusqu'en 1450. En 1492, date où Christophe Colomb « découvre » l'Amérique, le pape Alexandre VI écrit à propos du Groenland : « On pense qu'aucun bateau n'est allé là-bas depuis quatre-vingts ans et qu'aucun évêque ni prêtre n'y a vécu pendant cette période. » Entre 1605 et 1607, le roi de Danemark Christian IV envoie trois expéditions pour tenter de retrouver les colonies. Se frayant un chemin entre des falaises de glace, les marins danois ne trouvent qu'un territoire gelé, traversé par quelques Inuits.

Beaucoup d'archéologues ont longtemps défendu l'idée que les Vikings sont largement responsables de leur échec final au Groenland. Ils ont épuisé les sols, laissant moutons et chèvres brouter les arbustes. Ils se sont liés pieds et poings à l'évêque, qui au milieu du XIVe siècle possédait les deux tiers des meilleurs pâturages et prélevait une dîme exorbitante. Ils n'ont pas appris des Inuits à se couvrir de peaux de phoque et à pêcher la baleine. Bref, des butors, incapables de s'adapter. Dans *Effondrement*, Jared Diamond se fait l'écho de cette thèse et en tire une leçon morale : « Les Vikings ont été défaits par cette même glu sociale qui leur avait permis de maîtriser les difficultés du Groenland. Les valeurs auxquelles les gens s'accrochent obstinément dans des conditions inappropriées sont celles-là mêmes qui avaient été la source de leurs plus grands triomphes contre l'adversité. » Depuis, le vent a tourné. Les archéologues soulignent aujourd'hui les remarquables facultés d'adaptation dont ont fait preuve les Vikings en demeurant plus de quatre siècles sur cette terre ingrate. Un changement climatique avait favorisé leur arrivée. Un autre changement climatique a sinon causé, du moins largement contribué à leur départ.

13

Cathédrales et cavaliers

Où l'on observe qu'en Europe et plus encore dans la Chine des Song, l'optimum médiéval a favorisé l'essor démographique, économique et culturel de sociétés sans précédent – et sans égales.

Si cette explication climatique contient,
comme je le pense, une part de vérité,
gardons-nous de la simplifier outre mesure.

Fernand Braudel, *Les Structures du quotidien :*
le possible et l'impossible, 1979

L'année où Héloïse et Abélard échangent leurs premiers baisers, un chroniqueur de Liège note : « Fraises mûres à la Noël. Les merles chantent en hiver. » Il s'agit de l'hiver 1116-1117. Le fait est rapporté par l'un des pionniers de l'histoire du climat, le Belge Pierre Alexandre. Bien sûr, tous les hivers du « beau Moyen Âge » ne sont pas aussi doux, et le temps varie d'une région à l'autre. Entre 1070 et 1179 les hivers sont souvent plus froids qu'aujourd'hui. Lors de quelques décennies d'une période de faible rayonnement solaire, appelée minimum de Oort, en 1076 le Rhin reste gelé de la mi-novembre à la mi-avril de l'année suivante. En 1126 le Pô gèle à Vérone, en 1143 la Meuse gèle à Waulsort. Plus tard, en 1227, des cavaliers allemands franchissent le Rhin ; et sept ans après la mer gèle à Venise. Mais enfin, des fraises mûres à Liège à Noël, nous ne voyons pas cela de nos jours. Ni des raisins mûrs le 30 juin à Limoges, comme en 1282 ; ni le blé en fleur à la mi-mars à Colmar, comme en 1283. En Europe, l'optimum médiéval, comme on l'appelle, a une valeur statistique. Pendant deux siècles au moins, jusqu'au début des années 1300, quand Giotto est au sommet de son art, il fait en moyenne aussi chaud qu'aujourd'hui. Dans certaines zones, peut-être plus chaud. Comme durant l'optimum romain, la punaise de l'ortie remonte jusqu'à York, en Angleterre du Nord. Moins plaisant, mais significatif : le paludisme refait son apparition dans la grande île. Que l'on y fît alors du vin pouvait être dû pour une part à des raisons économiques, mais sa qualité lui vaut d'être exporté en France, au grand dam des vignerons gaulois. « Le vin n'a pas d'acidité ni d'ardeur désagréable et n'est pas inférieur au vin français en douceur », note en 1120 le moine historien Guillaume de Malmesbury. On fait du vin en Prusse orientale et dans le sud de la Norvège. On cultive des céréales dans le sud de l'Écosse à 300 mètres d'altitude et jusqu'à Trondheim à 500 kilomètres au nord d'Oslo. Au milieu du XIIIe siècle, on récolte des figues à Cologne, relève Albert le Grand.

Le glacier d'Aletsch

Après des décennies de débats parfois houleux, les paléoclimatologues confirment la réalité du phénomène. Ayant foré dans le lac de Joux, dans le haut Jura, des chercheurs français constatent une moyenne d'étés chauds et secs entre 1100 et 1320 environ. Plus chauds de 1 °C à 2 °C que la période de référence, celle des années 1961-1990. Les analyses des cernes des arbres vont dans le même sens, avec un pic de l'optimum en Allemagne et en Suisse entre 1200 et 1300. Confirmation du verdict posé naguère par Pierre Alexandre au vu des documents écrits : le XIIIe siècle « constitue bel et bien l'apogée de l'optimum climatique en Europe de l'Ouest, voire du Centre et du Nord ». Sensible à la fois à l'évolution des précipitations et à celle des températures, ce qui complique l'analyse, le glacier d'Aletsch, le plus grand des Alpes, atteint vers l'an mille un étiage comparable à l'actuel ; il recommence à croître vers 1100 puis décroît à nouveau entre 1200 et 1300.

Il est plus facile de dater la fin de l'optimum médiéval que ses débuts. Ce qui est certain, c'est que le LALIA, le Petit Âge glaciaire de l'Antiquité tardive évoqué à propos des Vikings et de la fin de l'Empire romain, a été suivi à partir du temps de Charlemagne d'un relatif retour à la normale, lequel s'est peu à peu orienté vers ce qu'il est convenu d'appeler « l'anomalie médiévale ». La plupart des spécialistes font remonter celle-ci au début du Xe siècle. Le phénomène se serait donc étalé au total sur quatre siècles, avec des hauts et des bas, et des variations géographiques significatives.

Si les climatologues préfèrent aujourd'hui parler d'« anomalie médiévale » plutôt que d'optimum, c'est que dans certaines régions du monde ce changement climatique, dont le caractère global est maintenant avéré, a eu l'effet inverse, parfois calamiteux. L'Ouest américain, l'Afrique du Nord ont connu pendant deux siècles une redoutable sécheresse. Mais le mot « optimum » garde toute sa valeur pour l'Europe, pour l'Islande et le Groenland – témoins les Vikings –, pour le Cambodge où sont édifiés les temples d'Angkor et aussi, on va le voir, pour la Chine.

Des citronniers en Chine du Nord

La responsabilité du climat est plus aisée à invoquer pour expliquer – ou contribuer à expliquer – une catastrophe sociétale que pour rendre compte d'une période d'essor et de prospérité. Les progrès de la paléoclimatologie y incitent cependant un nombre croissant d'archéologues, de préhistoriens et désormais d'historiens, ce que j'ai tenté d'illustrer en évoquant (entre autres) Blombos, le dernier interglaciaire, Sapiens sortant d'Afrique, les

Natoufiens, la culture Clovis, les débuts du néolithique, le Sahara vert ou encore Sumer et l'Empire romain. Il faut aussi évoquer la dynastie Han, contemporaine de l'Empire romain, qui elle aussi a bénéficié pour sa construction et son accomplissement d'un climat des plus favorables. Mais à l'époque du Moyen Âge européen, l'exemple le plus frappant est celui de la dynastie Song. Elle s'inscrit à presque exactement dans la fenêtre de l'optimum médiéval, puisque les Song sont arrivés au pouvoir en 960 et doivent s'incliner devant les Mongols en 1279. De l'avis des spécialistes chinois, le climat a connu alors des périodes plus chaudes qu'aujourd'hui. Il y avait des citronniers en Chine du Nord ; à Hangzhou, au sud du Yangtsé, la dernière neige d'hiver tombait plus tôt. Le climat a surtout été remarquable entre 980 et 1100 puis entre 1201 et 1270. Cela correspond aux deux périodes bien distinctes qu'a vécues la dynastie. En 1127, attaquée par les nomades Jurchens venus de Mandchourie, elle a dû en effet se replier au sud de la rivière Huai (entre le Yangtsé et le fleuve Jaune). Mais dans ce territoire qui faisait encore près de 2 millions de kilomètres carrés elle a continué à s'épanouir pendant un siècle et demi. En 1200, deux villes y atteignaient le million d'habitants, alors que Paris, la plus grande ville d'Europe, n'en comptait que 110 000.

Clubs de poésie et clubs de thé

L'humanité connaît des périodes miraculeuses, et c'en est une. La Chine des Song était alors la civilisation la plus sophistiquée et la plus avancée de la planète, à peu près à tous égards. Innovations, commerce et culture ont connu un essor sans précédent, favorisé par une administration éclairée. Profitant de moussons favorables, les agriculteurs ont mis au point deux à trois récoltes de riz par an, avec de nouvelles méthodes et de nouveaux outils. Il y a des moulins à eau et des moulins à vent. Les canaux sont reliés par des écluses comparables à celles encore utilisées en France aujourd'hui. Sur des ponts dépassant parfois le kilomètre de long, la largeur est suffisante pour que les charrettes se croisent. L'État a ouvert sept ports pour le commerce avec le Japon et l'Asie du Sud-Est, il frappe monnaie en quantité et même introduit des billets de banque. Face à une pénurie de bois accentuée par les besoins de la métallurgie, nécessaire à l'armée, le charbon devient une source d'énergie essentielle – bien avant l'Europe. Des hommes de science d'un niveau inconnu en Occident inventent la poudre à canon, le papier et l'imprimerie. Shen Juo, qui au XIe siècle découvre le nord magnétique et invente la boussole, comprend que la Lune et le Soleil sont des sphères. Su Song publie en 1070 un traité pharmaceutique et un traité d'horlogerie ; il réalise une horloge astronomique sur une tour. Propulsés par des roues à aubes actionnées par des pédaliers, les navires de guerre, capables de transporter un millier de soldats, arborent sur leur pont des catapultes capables d'envoyer des bombes. Pour empêcher les cavaliers nomades venus du nord de pénétrer dans le royaume, une forêt défensive est plantée.

Pendant cette période, la population double. Les pauvres font l'objet d'attentions particulières. Des maisons de retraite, des cliniques, des cimetières sont aménagés. Les villes regorgent d'attractions diverses. Appliqué avec rigueur, le système des concours impériaux contribue à développer une société bourgeoise méritocratique. Il y a des clubs de poésie et des clubs de thé, des clubs pour amateurs de chevaux et d'autres pour amateurs d'antiquités. Le plus grand calligraphe de l'histoire de la Chine est de cette époque et les peintures qui nous restent sont d'un niveau sans comparaison avec ce que l'Europe produit alors. Il faut voir le lièvre au bas d'un tableau du peintre Cui Bai (XIe siècle) : il fait irrésistiblement penser à celui de Dürer, réalisé en 1502. Une encyclopédie en mille volumes, *Textes de l'ère Taïping pour le regard impérial*, est réalisée au Xe siècle. Les Song ont leurs cathédrales : des pagodes, dont l'une, construite en 1055, atteint 84 mètres, soit 15 de plus que les tours de Notre-Dame, érigées plus d'un siècle après.

Paix universelle

Ce qui distingue avant tout les Song des Européens au temps de l'optimum médiéval, c'est bien sûr l'emprise du christianisme et le pouvoir d'un lointain souverain religieux, le pape. Les Song trouvent naturel d'accepter la concurrence de plusieurs systèmes de croyance, à commencer par le confucianisme et le bouddhisme. Contrairement au souverain d'Angkor que j'évoque au chapitre suivant, il ne serait pas venu à l'idée d'un empereur chinois d'imposer une religion d'État. En ces matières, les gens sont libres de penser ce qu'ils veulent. Il en va tout différemment dans l'Europe médiévale. Né – pour simplifier – avec le baptême de Clovis aux alentours de l'an 500, le dogme catholique s'impose comme coulant de source, de la base aux plus hautes sphères de la société. Rétrospectivement, il peut être vu comme un carcan, une camisole, mais c'est un anachronisme car il n'est nullement vécu comme tel. Tout au contraire, il est la principale source d'inspiration, tant pour la gestion des affaires publiques que pour l'aspiration au beau, dans tous les arts naissants et par-dessus tout en architecture, ce dont témoignent les cathédrales. Comme l'observe le médiéviste Jacques Le Goff, la seule et unique encyclopédie est la Bible, traduite en latin par saint Jérôme un siècle avant Clovis. Les moines ont évangélisé toute l'Europe, assurant ainsi l'unité spirituelle des peuples germaniques, celtes et latins. Le territoire est quadrillé par les évêques nommés par le pape, jusqu'au Groenland à l'ouest, à la Pologne et à la Hongrie à l'est, à la Norvège et à la Suède au nord. On doit au christianisme l'instauration du repos dominical, resté en usage dans tout l'Occident. On lui doit les fêtes de Noël et de Pâques, conçues comme des moments d'exaltation religieuse, au sens positif du terme. On lui doit la fixation de l'origine de l'histoire à la naissance du Christ. À partir des environs de l'an mille, moment où l'optimum est bien installé, chaque village a son église, et la vie paysanne est réglée par le son des cloches. On lui doit la vénération des images, récusée par l'islam et le judaïsme, qui jouera le rôle central dans l'avènement de la sculpture, de l'enluminure et de la peinture. Le culte des reliques entraîne de nombreux pèlerinages qui contribuent au brassage des populations et des classes. Au XIe siècle se forme un puissant mouvement pacifiste, entériné par la paix universelle proclamée en 1024 par le roi des Francs et l'empereur germanique.

Hérétiques

Favorisé par le climat mais aussi par des innovations agricoles comme la charrue en fer, l'assolement triennal et le cheval de trait dans les plaines d'Europe du Nord, l'essor économique se solde comme en Chine par un doublement de la population, qui passe de 30 à 70 millions entre 1000 et 1300. Hommes et femmes gagnent quelques centimètres. Au XIIe siècle l'Église assure son emprise sur les chevaliers, dont les armes sont bénies, ce qui les incite à observer quelque retenue et contribue à la naissance du mythe chevaleresque exploité dans les chansons de geste.

La courtoisie s'invite, redorant le blason de la femme. Monogamie et consentement mutuel s'imposent. En l'absence de leur seigneur, certaines femmes prennent la direction des affaires. D'autres sont poètes, comme en Chine, ou exercent une influence culturelle, s'entourant de poètes et d'artistes.

Vers la fin du XIe siècle, la papauté prend deux autres initiatives appelées à jouer un rôle central : la réforme grégorienne et la croisade. La première consiste à distinguer clairement entre le rôle des clercs et celui des laïcs. « Que les laïcs se consacrent seulement à leurs tâches, les affaires du siècle, et les clercs aux leurs, les affaires de l'Église », écrit un artisan de la réforme. La croisade rompt évidemment avec l'aspiration à la paix, mais au nom d'un combat contre les infidèles. Sa légitimité est ensuite étendue aux hérétiques, ce qui va justifier la terrible croisade contre les albigeois, au début du XIIIe. Des hérétiques réels ou supposés, il y en eut beaucoup, à commencer par les cathares. Les juifs aussi sentent le soufre. Premiers pogroms en Angleterre en 1190. Après 1215, ils sont tenus de porter cousu sur leur vêtement un morceau d'étoffe rouge.

Esprit critique

La reconnaissance du rôle des clercs contribue à l'essor du commerce, des villes et d'une première bourgeoisie. Mais au sein de l'Église elle-même une fronde discrète commence à se manifester. Le bénédictin saint Anselme, à la fin du XIe siècle, propose aux chrétiens *fides quaerens intellectum* (la foi à la recherche de l'intelligence). Peu après, Hugues de Saint-Victor, auteur d'une première encyclopédie mi-religieuse, mi-laïque, oppose à la raison supérieure, celle de la foi, la raison inférieure, « tournée vers le monde matériel et terrestre », écrit Le Goff.

Où l'on retrouve Abélard et Héloïse. Mutatis mutandis, leur relation rappelle celle qui se nouera à l'époque contemporaine entre la jeune Hannah Arendt et Heidegger. Une adolescente hyper-brillante et reconnue comme telle s'éprend d'un monument de la philosophie, de vingt ans son aîné. S'ensuit une liaison jugée coupable, Heidegger étant marié avec deux enfants, Héloïse concevant un enfant alors qu'ils ne sont pas mariés (le célibat des clercs ne s'est pas encore généralisé). Abélard, qui enseigne à l'école cathédrale du Cloître Notre-Dame, dans l'île de la Cité, attenante à la cathédrale Saint-Étienne (sur le site de laquelle sera construite Notre-Dame de Paris), est probablement le philosophe français le plus en vue. Souvent contesté, objet de multiples rivalités, imbu de sa personne, c'est un orateur brillant ; il attire les étudiants en foule. Après son aventure malheureuse avec Héloïse et la perte de ses fonctions viriles due à des malfrats envoyés par le chanoine de la cathédrale, qui était l'oncle de la jeune femme, Abélard se fait moine et poursuit sa carrière de philosophe, titre auquel il ajoute celui de théologien. Une carrière des plus agitées, tant son indépendance d'esprit indispose. Traîné devant la justice ecclésiastique par ses détracteurs et rivaux, il finit par être condamné par le pape lui-même. Nous sommes en 1141, neuf ans après l'institution de l'Inquisition pontificale. Abélard ne se référait pas seulement aux pères de l'Église, mais aussi à la philosophie grecque : « Aristote a dit qu'il n'est pas inutile de douter de chaque chose. En effet, qui doute conduit à chercher, qui cherche saisit la vérité. » Cinq cents ans avant Descartes et son doute méthodique. Ailleurs, Abélard écrit : « Quel que soit l'objet de la discussion, la démonstration rationnelle a plus de poids que l'étalage de l'autorité. » On conçoit que l'Église s'en soit émue.

Abélard, note Le Goff, est le symbole de retrouvailles avec l'esprit critique élaboré par les Grecs. C'est cet esprit qui allait, aux siècles suivants, aboutir peu à peu à l'éclosion de la science moderne. L'humanisme naît lors de l'optimum médiéval. La première université est créée à Bologne en 1154. Paris suit en 1174.

Le nez de Cléopâtre

L'uchronie est un sport apprécié de certains historiens. C'est l'histoire avec des « si ». En l'occurrence, on peut se demander ce qu'il serait advenu du Moyen Âge chrétien si les Mongols avaient envahi l'Europe, comme ils ont envahi la Chine. Et d'ailleurs, pourquoi ne sont-ils pas arrivés à Paris et à Londres, comme avant eux les Vikings ? On croit savoir pourquoi ils ne purent envahir le Japon : à deux reprises, leur flotte fut prise dans un ouragan. Mais l'Europe ? Qu'est-ce qui les en empêchait ? Face à leurs chevaux légers et leurs flèches ailées, les chevaliers en armure que leur opposaient les Européens ne faisaient pas le poids. En attestent les défaites des Polonais à Legnica et des Hongrois à Mohi au printemps 1241. Un travail récent de l'historien Nicola Di Cosmo et du paléoclimatologue Ulf Büntgen étaye une hypothèse séduisante. Alors que les étés 1238-1241 avaient été chauds et secs (plus chauds que la période de référence 1961-1990), la fin de l'automne 1241 et l'hiver 1242 sont marqués par un fort refroidissement et surtout des pluies abondantes suivies de neiges intenses. Lorsque les armées mongoles, regroupées dans la plaine hongroise (qui prolonge les steppes d'Asie centrale), veulent reprendre leur offensive au printemps 1242 pour conquérir le pays à l'ouest du Danube, leurs cavaliers se trouvent empêtrés dans un terrain devenu marécageux. L'herbe manque pour nourrir les chevaux. Ils se retirent prudemment et se concentrent sur le contrôle de la Russie. Bien vu : l'été suivant est pourri ; il s'ensuit l'une des plus grandes famines qu'ait connues la Hongrie. Voilà qui « démontre l'impact de fluctuations climatiques mineures sur des événements historiques majeurs », concluent les auteurs. Le nez de Cléopâtre.

Encore tout récemment, la thèse dominante était que l'expansion mongole en Asie et en Europe était liée à une sécheresse persistante sur les steppes d'Asie orientale et centrale, qui obligea les cavaliers nomades à chercher de la nourriture ailleurs. Nicola Di Cosmo et d'autres proposent aujourd'hui l'hypothèse inverse. L'analyse de cernes d'arbres en Mongolie centrale montre que le réchauffement s'est accompagné dans cette région d'une forte pluviosité. Quinze années successives de pluies nourries, sans équivalent au cours du dernier millénaire, coïncident avec la montée en puissance de Gengis Khan. La productivité des steppes aurait « favorisé la formation du pouvoir politique et militaire mongol », qui se serait senti des ailes. La messe n'est pas dite.

14

Un échec du Bouddha

Où l'on apprend comment les paléoclimatologues ont resserré l'étau sur l'interprétation climatique de la chute d'Angkor, dix ans avant l'arrivée de la peste noire en Europe.

Les conditions environnementales influencent puissamment mais déterminent rarement l'issue des affaires humaines.

Bruce M.S. CAMPBELL,
The Great Transition, 2016

À l'écart des somptueux édifices et des hordes de touristes qui hantent les allées d'Angkor hors pandémie, plus ou moins enfoui dans la jungle s'élève modestement ce qui reste d'un petit temple hindouiste. On l'appelle Mangalartha, car il a été construit en l'honneur d'un brahmane de ce nom, plus exactement Jayamangalartha, un célèbre gourou grammairien mort à l'âge de cent quatre ans. C'est le dernier temple construit à Angkor. Il a été dédié en 1295, date de la mort d'un roi qui avait régné cinquante-deux ans et était revenu à l'hindouisme, la religion traditionnelle des Khmers, après un demi-siècle de bouddhisme mahayana. Son successeur s'est converti au bouddhisme theravada, d'après lequel le Bouddha n'est pas un dieu mais un homme. Contrairement au précédent, marqué par une guerre dévastatrice avec le Siam, son règne fut paisible ; mais après sa mort en 1308 lui succédèrent deux nouveaux monarques hindouistes, qui semblent avoir engagé des persécutions contre les bouddhistes. Assassiné en 1336, le second est aussi le dernier roi mentionné sur une inscription. Après quoi un voile d'obscurité se referme sur Angkor, dont les temples sont abandonnés.

Terriblement chaud

À dire vrai, l'histoire de cette période reste très confuse. Les Khmers n'ont laissé d'autres textes que de brèves inscriptions sur les pierres des temples. Le seul document détaillé qui nous soit parvenu est celui du Chinois Zhou Daguan, qui habita environ un an à Angkor en 1296-1297 (il y avait alors beaucoup de Chinois dans la ville). Avec un grand souci de précision, ce contemporain de Marco Polo décrit les mœurs, la cour, les strates sociales, les pratiques religieuses et judiciaires, le commerce, l'agriculture, les paysages et le climat : « Le pays est terriblement chaud et on ne saurait passer un jour sans se baigner plusieurs fois. La nuit même, on ne peut manquer de le faire une ou deux fois. [...] La moitié de l'année il pleut ; la moitié de l'année il ne pleut pas du tout. Du quatrième au neuvième mois il pleut tous les jours dans l'après-midi. Les eaux du Grand Lac s'élèvent à sept ou huit *tchang* [3,50 mètres]. Les grands arbres sont noyés ; à peine leur cime dépasse. Ceux qui habitent au bord de l'eau se retirent dans les montagnes. Du dixième au troisième mois il ne tombe pas une goutte d'eau. Le Grand Lac n'est alors accessible qu'aux petites barques ; aux endroits profonds, il n'a guère que trois ou cinq pieds. Les gens redescendent alors. »

Le complexe des temples d'Angkor a été construit pour l'essentiel du IXe au début du XIIIe siècle, moment où en Europe s'érigeaient les premières cathédrales. L'Empire khmer atteint son zénith vers 1200 sous le roi Jayavarman VII, l'exact contemporain de Philippe Auguste. C'est lui qui, sous l'influence de deux sœurs qu'il épousa (l'une après la mort de l'autre), se convertit et entreprend de convertir son pays au bouddhisme mayahana. Il fait construire le fameux temple bouddhiste Bayon, qui est avec le temple hindouiste Angkor Vat l'un des deux plus impressionnants monuments de la ville sainte.

Quinze fois plus que Paris

À la fin du siècle, Zhou Daguan décrit la coexistence pacifique entre brahmanes et bonzes bouddhistes. Il souligne le contraste entre l'élite et les gens du peuple, « grossiers et très noirs ». « Il faut arriver jusqu'aux personnes du palais et aux femmes des maisons nobles pour en trouver beaucoup de blanches comme le jade, ce qui doit venir de ce qu'elles ne voient jamais les rayons du soleil. En général femmes et hommes [de l'élite] ne portent qu'un morceau d'étoffe qui leur entoure les reins, laissent découverte leur poitrine blanche comme le lait, se font un chignon et vont nu-pieds. Il en est ainsi même des épouses du souverain. Le souverain a cinq épouses, l'une de l'appartement privé proprement dit et quatre pour les quatre points cardinaux. »

À son apogée l'Empire s'étend du sud de l'actuel Vietnam à la baie du Bengale. Parsemée de champs de riz, la ville d'Angkor s'étale sur 1 000 kilomètres carrés et compte quelque 750 000 habitants, soit quinze fois plus que Paris et trente fois plus que Londres. Elle occupe le centre d'une plaine d'environ 3 000 kilomètres carrés. Elle est bordée au nord par une zone de collines et au sud par le lac dont parle Zhou ; lors de la saison des pluies il gonfle jusqu'à atteindre 10 000 kilomètres carrés. Plus au sud, les eaux du lac rejoignent le Mékong et l'actuelle Phnom Penh. Comme le note Zhou (« plaine immense, sans un pouce de bois »), la plaine a été complètement déboisée afin de garantir des récoltes de riz permettant de nourrir cette énorme population, dont la moitié est affectée au service des temples (des milliers de privilégiés habitent à l'intérieur de leur enceinte). Bien que les Khmers n'utilisent pas la fumure animale, remarque Zhou, les rendements sont très élevés (« trois à quatre récoltes par an »).

Pour l'approvisionnement des temples et l'irrigation de rizières situées à proximité, d'immenses bassins réservoirs (*barays*) ont été creusés au prix de travaux herculéens à partir de la fin du IXe siècle. Les deux plus grands, situés à l'est et à l'ouest du centre de l'agglomération, font respectivement 7 et 8 kilomètres de long et 2 kilomètres de large. Ainsi retenue pendant la saison sèche, l'eau peut être évacuée à volonté par des sas vers les rizières en aval. Un savant entrelacs de canaux forme un véritable delta. Ces aménagements centraux ont aussi un caractère sacré, en phase avec la cosmogonie hindoue qui inspire l'architecture des temples.

Les cernes d'un cyprès

Angkor Vat, le plus imposant monument religieux de la planète, a été édifié après la réalisation des grands barays. Pris d'une frénésie d'entrepreneur, Jayavarman VII a doublé le nombre de temples. À sa mort, vers 1218, le système hydraulique est peut-être déjà à la limite de ses capacités. Il tient bon encore un siècle et, lors de son séjour, Zhou Daguan ne décèle aucun dysfonctionnement. Pourtant, de façon insensible, le climat a déjà commencé à changer : la saison sèche s'est un peu allongée, la saison des pluies a un peu raccourci. Aidés par des images aériennes obtenues par Lidar (comme en pays maya), les archéologues ont pu établir que les barays et les principaux canaux ont dû être réaménagés au XIVe siècle pour faire face à des pénuries d'eau. L'analyse des cernes d'un cyprès au Sud Vietnam révèle une tendance à une plus grande sécheresse à partir de 1250. Un premier épisode de sécheresse grave intervient vers 1330. Il s'ensuit deux périodes de sécheresse prolongée entre 1335 et 1365 puis entre 1400 et 1425, avec une année noire en 1403. Ces deux périodes longues sont aussi inscrites dans des stalagmites en Chine du Sud et en Inde du Nord.

Il ne s'agit pas seulement de sécheresse. Comme en Europe à la même époque (voir le chapitre 15), la région est aux prises avec un véritable dérèglement du climat. Aux périodes de sécheresse s'ajoutent à partir de la fin du XIIIe siècle des épisodes de mousson renforcée, aux pluies dévastatrices. Les pires épisodes ont sans doute lieu vers la fin du XIVe et le début du XVe siècle. Le fond d'un canal reliant le centre d'Angkor au Grand Lac témoigne d'une crue destructrice majeure, ayant amené là une grande quantité de sédiments provenant de terres érodées en amont. Des ponts et des barrages ont été emportés par les flots.

Iconoclasme

On ne sait pas bien quand le palais royal et les temples d'Angkor ont été abandonnés. On sait seulement que la cour et une partie au moins des élites ont migré vers Phnom Penh et qu'au milieu du XVIe siècle seul Angkor Vat a été réinvesti. Ce temple hindouiste est paradoxalement devenu un monastère bouddhiste, but de pèlerinages. En l'absence de preuves, les historiens font assaut d'arguments pour étayer ou au contraire minimiser l'impact du climat. D'autres facteurs sont invoqués. Le passage au bouddhisme theravada a pu jouer un rôle, car contrairement au bouddhisme mahayana et à l'hindouisme ce culte ne requiert pas de rites centralisés au sein de grands temples. La pression militaire exercée par les Thaïs à l'ouest et les Vietnamiens à l'est s'était accrue, ce qui a pu inciter les dirigeants à chercher refuge au sud. Enfin, qu'il s'agisse ou non d'une simple coïncidence, l'économie du pays, qui était jusqu'alors centrée sur l'agriculture, s'est tournée vers le commerce maritime à partir de la fin du XIVe siècle.

Quoi qu'il en soit, historiens et archéologues sont aujourd'hui nombreux à considérer que le changement climatique a au minimum fortement contribué à la migration vers Phnom Penh et à l'abandon des temples. Curieusement, la plupart d'entre eux situent au XIIIe siècle un mouvement d'iconoclasme, se traduisant par la destruction ou la défiguration de nombreuses images du Bouddha. Mais il est surprenant que Zhou Daguan, dont les observations sont si précises, n'y fasse aucune allusion. Au contraire, il multiplie les descriptions de ferveur bouddhiste, du menu peuple au souverain lui-même. Comme dans ce passage : « Les femmes du commun se coiffent en chignon, mais n'ont ni épingle de tête, ni peigne, ni aucun ornement de tête. Aux bras elles ont des bracelets d'or, aux doigts des bagues d'or ; les femmes du palais en portent toutes. Hommes et femmes s'oignent de parfums composés de santal, de musc et d'autres essences. Tous adorent le Bouddha. » L'iconoclasme ne pouvant être daté avec précision, il serait plus vraisemblable, comme le font quelques spécialistes, de le situer à l'époque où le dérèglement climatique a pu faire douter de sa toute-puissante bienveillance. Ce n'est peut-être pas un hasard si la dernière inscription sur un mur d'Angkor date de 1327 et si le dernier roi angkorien dont on ait la trace meurt assassiné en 1336, au moment précis où le cyprès du Vietnam signe l'arrivée de sécheresses catastrophiques. Nous sommes dix ans avant l'arrivée de la peste noire en Europe. Lorsqu'en 1371 l'empereur de Chine reçoit une ambassade du Cambodge, on peut supposer qu'il s'agissait du royaume désormais établi à Phnom Penh.

Angkor s'était développé et avait prospéré pendant des siècles d'optimum climatique, marqués par une grande régularité de la mousson. Le site a été abandonné lorsqu'à cet optimum a succédé ce que les Européens ont appelé le Petit Âge glaciaire. Dans cette région du monde, cette période de bouleversement climatique ne s'est bien sûr pas traduite par l'avènement de froids intenses, car nous sommes sous les tropiques, mais par une modification significative de la mousson.

Quatre sujets de comparaison viennent à l'esprit. La destruction de Teotihuacan en 550, marquée par un déchaînement de colère à l'égard de statues de divinités. L'abandon des temples mayas du bas Yucatán, peut-être associé à un mouvement migratoire vers le nord. La fin des colonies vikings au Groenland, liée à l'avènement du Petit Âge glaciaire. Et même le transfert de la capitale de l'Empire romain à Constantinople.

15

Le siècle noir

Ou comment l'Europe perd la moitié de ses habitants en quelques décennies, en raison d'une terrible famine puis de la peste, l'une et l'autre étroitement liées au changement climatique.

Ils ne mouraient pas tous, mais tous étaient frappés.

Jean de LA FONTAINE,
Les Animaux malades de la peste

« Ô Dieu ! Voyez comment les races tartares, arrivées de tous côtés, ont entouré la ville de Caffa et y ont assiégé les chrétiens pendant près de trois ans. Là, entourés par une immense armée, ils pouvaient à peine respirer ; seuls les bateaux pouvaient y apporter des vivres. Mais voilà que l'armée fut affectée par une maladie qui s'empara des Tartares, les décimant chaque jour par milliers. C'est comme si des flèches pleuvaient du ciel pour écraser l'arrogance des Tartares. Tout soin médical était sans effet. Les Tartares mouraient dès que les signes de la maladie apparaissaient sur leur corps : des renflements sous les aisselles ou à l'aine créaient des humeurs qui coagulaient, suivies par une fièvre putride. Les Tartares mourant, sonnés et stupéfiés par l'immensité du désastre, réalisant qu'ils n'avaient aucun espoir d'y échapper, cessèrent de se concentrer sur le siège. Ils ordonnèrent de placer des cadavres sur des catapultes et les envoyèrent dans la ville, dans l'espoir que la pestilence tue tous les assiégés. » Lesquels se mirent en effet à périr en masse. Nous sommes en 1346. Caffa est un port en Crimée, possession de Gênes. Les Tartares en question sont des Mongols de la Horde d'or, qui dominent la Russie. Les survivants levèrent le siège, mais la peste embarqua sur les navires génois et gagna l'Italie.

Le récit émane d'un certain Gabriele de' Mussi, un juriste qui vécut la peste l'année suivante à Plaisance, en Italie. Les historiens y accordent crédit. C'est bien par ce canal que la peste bubonique, venue de Chine, parvient en Europe. Après l'Italie, elle débarque à Marseille en janvier 1348. À Avignon elle emporte Laure de Noves, le grand amour de Pétrarque. Le pape y réside. Témoignage de son chirurgien, Guy de Chauliac : « En quelques parts on crut que les juifs avaient empoisonné le monde, on les tuait ; en quelques autres que c'était la faute des pauvres ou des mutilés, on les chassait ; en d'autres que c'était la faute des nobles que l'on empêchait de sortir ou celle des étrangers à la ville dont on interdisait l'entrée. » Paris est contaminé dès l'été. Par vagues, la peste atteint progressivement, en deux ans, l'ensemble de l'Europe, l'Afrique du Nord et Byzance – laquelle revit la peste de Justinien huit cents ans après. C'est l'hécatombe. « Beaucoup déjeunaient avec leurs amis et dînaient avec leurs ancêtres au paradis », écrit Boccace à Florence. De l'Espagne à la Pologne on entasse les cadavres dans des fosses communes. Alors que le taux de mortalité de la récente pandémie de Covid-19 a été de trois pour mille en Europe, il est alors d'un sur trois, et sans doute davantage si l'on ajoute les offensives ultérieures de la peste : en 1360-1363 (presque aussi sévère qu'en 1348-1350), 1369, 1374-1375 et 1383.

Gerbilles et marmottes

On présente souvent la peste noire comme une sorte d'ovni cataclysmique sans lien avec d'autres facteurs. Or son irruption et son impact sont intimement liés à la fois aux mouvements des hommes et au contexte climatique. Au terme de recherches intensives menées ces dernières années tant par des généticiens que par des climatologues, le déclenchement et la propagation de la peste noire sont bien compris – dans leurs grandes lignes, sinon en détail.

Le bacille de la peste vit de manière endémique chez des populations de gerbilles et de marmottes dans les zones semi-arides du nord-est du plateau tibétain. Ces populations sont soumises aux aléas du climat. Elles décroissent quand il fait très sec. Elles croissent quand il pleut beaucoup (il y a plus à manger), mais la peste se développe aussi et les rongeurs sont décimés. Dans les deux cas, les puces porteuses du bacille manquent de nourriture et cherchent d'autres victimes. Elles peuvent trouver logis chez des animaux vivant au voisinage des humains, comme les rats, ou directement chez les humains eux-mêmes. Or, comme dans la plupart des régions du monde à cette époque, le climat du nord-est du plateau tibétain est affecté à partir de la fin du XIIIe siècle et surtout dans la première moitié du XIVe par une variabilité extrême. Les analyses de troncs de genévriers montrent ainsi une succession de périodes très sèches et très humides dans les décennies précédant l'arrivée de la peste à Caffa. Une fois les humains atteints en Asie centrale, la maladie se propage rapidement vers l'ouest en suivant le chemin des caravanes et des cavaliers mongols. Le bacille a sans doute emprunté plusieurs vecteurs. Il est possible que des puces aient infecté directement des Mongols, car ils sont friands de la chair des marmottes et en exploitent la peau.

Pieds nus et le corps nu

L'Europe n'était pas épargnée par cet assaut de variations brutales du climat. La peste se jette en pâture sur une population affaiblie et diminuée par une série d'épreuves directement imputables aux changements climatiques. Remontons le temps d'une génération. Nous sommes en 1316. « Ils mouraient de misère sur place, écrit Jan van Boendale, secrétaire de la ville d'Anvers. On les jetait à soixante et plus dans des fosses communes. » À Tournai, relève le moine bénédictin Gilles Le Muisit, « il y avait tant de pauvres mendiants qui se laissaient mourir dans les rues, sans même se soucier des immondices, que le magistrat de la cité dut se charger de faire évacuer leurs corps. [...] Ceux qui étaient chargés de cette besogne étaient indemnisés au prorata du nombre des victimes transportées ». Si l'optimum médiéval avait connu son lot d'épisodes douloureux, la clémence du climat avait presque fait oublier la menace. Paysans et seigneurs avaient de quoi affronter une mauvaise récolte, mais pas deux de suite. Or une famine de cette ampleur, de mémoire d'homme médiéval cela ne s'était jamais vu. Elle a commencé un an plus tôt : « Cette année, écrit l'été 1315 un moine bénédictin de l'abbaye de Saint-Denis, au nord de Paris, depuis le milieu du mois d'avril jusqu'à la fin du mois de juillet ou environ, il y eut une inondation de pluies presque continuelles et un froid peu ordinaire, qui empêchèrent les moissons et les vignes d'atteindre la maturité nécessaire. » Il exprime sa sidération : « Nous avons vu pendant quinze jours consécutifs une multitude innombrable d'hommes et de femmes venir en foule en procession avec le clergé à l'église du saint martyr Denis, non seulement des lieux voisins, mais de la distance de plus de cinq lieues, marchant les pieds nus et même tout le corps nu, à l'exception des femmes, et apportant dévotement dans cette église les corps des saints et d'autres vénérables reliques. Ces processions eurent lieu non seulement dans ce diocèse, mais encore dans ceux de Chartres et de Rouen, et dans d'autres parties du royaume de France. » En Bavière on mange chiens et chevaux, rapporte une chronique.

Mycotoxines

Évoquant l'été 1316, le roi d'Angleterre Édouard II témoigne : « Les déluges d'eau avaient pourri presque toutes les graines [...]. En maints endroits l'herbe est restée si longtemps sous l'eau qu'elle n'a pu être ni coupée ni ramassée. » La famine sévit jusqu'en 1322. Sept ans ! Les survivants évoquent les sept années de famine de la Genèse. Elle prive l'Europe de près de 10 % de sa population, de l'Irlande à la Russie et de l'Espagne à la Scandinavie. Beaucoup plus dans certains territoires. Quantité de villages disparaissent.

L'historien américain William Chester Jordan décrit le cercle vicieux mis en branle. L'excès de pluies emporte les nitrates, fragilisant les plantes qui succombent à diverses maladies. En temps normal les plantes gâtées sont jetées, mais là elles sont consommées. Les mycotoxines affaiblissent le système immunitaire et causent des maladies mentales. Or à la famine s'ajoutent de terribles épizooties. En 1321 la moitié des bovins d'Europe avaient peut-être disparu. Il s'ensuit un déficit de purin pour fertiliser les sols, un manque d'animaux de trait et une pénurie de lait. Les pluies continuelles entravent aussi la récolte de sel, nécessaire pour préserver poissons et viande. Faute de céréales, les boulangers intègrent dans leur pain d'immondes déchets. Ici et là les maigres récoltes sont accaparées par les souverains pour nourrir les armées qui en maints endroits ravagent le territoire.

Témoin le roi Louis X, qui l'été 1315 lance une désastreuse campagne de Flandre : les chevaux s'embourbent dans une plaine gorgée d'eau.

Le sultan de Babylone

C'est dans ce contexte que peut se comprendre la croisade dite des Pastoureaux (bergers). En Normandie, en juin 1320, des groupes se rassemblent à l'appel d'illuminés. Ils ont identifié les coupables : d'abord les musulmans, qui avaient chassé les chrétiens du Levant, puis les juifs, qui après avoir été expulsés en 1306, ont été réadmis par Louis X l'été 1315, précisément au moment où va se déclencher la grande famine. La croisade se met en marche avec femmes et enfants en direction de Paris puis de l'Espagne. Ils vivent de pillages. En Aquitaine se répand la rumeur d'un complot juif dans lequel des lépreux empoisonnent les puits. Les juifs sont aussi accusés de s'être alliés aux musulmans, dont un improbable « sultan de Babylone », pour détruire la chrétienté. Les Pastoureaux massacrent cent quarante communautés de juifs.

La grande famine traduit pour une part les effets d'une saturation démographique issue des belles années de l'optimum médiéval et d'une agriculture incapable de faire face à une série de mauvaises années. Elle signe l'avènement du fameux Petit Âge glaciaire, déjà rencontré à propos des Vikings et des Khmers. À deux siècles de stabilité succède une forte instabilité marquée par des événements extrêmes. Outre « l'inondation des pluies », qui se lit dans les cernes des chênes, le dérèglement se traduit par la multiplication, dès 1305, d'hivers particulièrement rigoureux. Les glaciers alpins se remettent à avancer. En 1315-1316, au cœur de la grande famine, la mer Baltique gèle de rive en rive. En 1318 il neige à Cologne le 30 juin. Deux hivers très rudes ont lieu de 1321 à 1323, au moment où les effets de la grande famine commencent à s'estomper. 1321 ? C'est l'année où Dante, en exil à Ravenne, meurt du paludisme ; il avait sans doute achevé l'*Enfer* dans les débuts de la grande famine. « Grand gel et neige abondante à Florence en novembre et décembre 1322 et janvier 1323 », note l'historien du climat Pierre Alexandre. Cet hiver, la lagune gèle à Venise et l'on traverse le lac de Constance à pied.

Les villes sont plus affectées par la famine que les campagnes. C'est particulièrement vrai en Flandre, seule région d'Europe où près de la moitié de la population est urbaine. Elle dépend de l'industrie de la laine. Or les moutons sont eux aussi victimes d'une épizootie et en Angleterre les troupeaux valides dont la laine est gorgée d'eau ne peuvent pas être tondus. À Bruges, l'une des rares cités à avoir su prendre des mesures relativement efficaces pour contrer la famine en 1315-1316, la population se révolte en 1323. L'agitation persiste en Flandre jusqu'en 1328.

Après un répit de quelques années autour de 1330, les mauvaises séries reprennent à partir de 1335, avec des étés excessivement pluvieux. En 1338, 1339 et 1340, des nuages de sauterelles ravagent les récoltes en Europe centrale et en Allemagne. L'Europe renoue avec des hivers doux à partir de 1339 mais le printemps 1341 est hivernal. En Angleterre cette année-là la récolte est si faible que la Couronne allège les impôts ; le pays connaît une série de mauvaises récoltes jusqu'à 1349 inclus. En Europe centrale les inondations géantes de l'été 1342 restent un record inégalé. L'été 1344, Florence subit une telle sécheresse que la famine est de retour ; après quoi se succèdent trois étés excessivement pluvieux et froids. L'hiver 1346 est très froid et en octobre 1347 en Souabe la neige détruit les céréales et les légumes non encore récoltés. C'est à ce moment que choisit d'arriver la peste noire. Par une curieuse coïncidence, ce sont les années où les cernes des arbres sont les plus étroits, non seulement en Europe mais aussi en Asie du Nord, en Amérique du Nord, au Chili, en Argentine et en Nouvelle-Zélande.

Chaucer et Froissart

Sur ces malheurs se greffent les ravages des guerres, au premier rang desquelles la guerre de Cent Ans. Elle s'engage en 1337. La Normandie est conquise en 1346. La peste déboule l'année qui suit la prise de Calais. Les soldats contribuent certainement à la propager. Hormis une période de trêve entre 1388 et 1411, qui coïncide curieusement avec une amélioration du climat, la guerre se déroule sur un fond quasi ininterrompu de crises climatiques « famineuses et pesteuses », pour reprendre le langage fleuri d'Emmanuel Le Roy

Ladurie. En 1380 on estime que l'Europe a perdu la moitié de ses habitants. Il lui faudra cent ans pour s'en relever.

Pour l'historien britannique Bruce Campbell, un symbole de ce siècle noir est l'inachèvement de la cathédrale de Sienne, dont les projets d'extension sont stoppés net en raison de la peste. Mis à part l'Italie – et encore –, le XIVᵉ siècle accuse un creux sensible en matière de production artistique et littéraire. Qui connaît Chaucer en dehors des Anglais et Froissart en dehors d'une poignée de Français ? En matière culturelle, la principale innovation tient peut-être aux premiers signes tangibles d'une perte de crédit de l'Église. À l'université d'Oxford, John Wycliffe dénonce la pompe du clergé et récuse le latin de la Bible, qu'il traduit et fait traduire en anglais. Il influence le Tchèque Jan Hus, qui à la fin du siècle se dresse contre la vente des charges ecclésiastiques et des indulgences (rémission des péchés). Hus mourra sur le bûcher en 1415, mais ses idées vont directement inspirer Luther.

16

La fin tragique des Ming

Où l'on apprend que la seconde offensive du Petit Âge glaciaire a frappé la Chine plus brutalement encore que l'Europe. À l'avènement de la dynastie Qing en 1644, la Chine avait perdu la moitié de sa population.

De l'herbe désolée la brume s'élève
Avec la fin de l'automne l'âme se resserre
Dans la nuit obscure vient la tristesse.

Wang WEI, poétesse chinoise, exprimant
vers 1645 son désespoir après la chute des Ming

Le 19 mars 1616, Li Rihua, voulant se rendre dans la ville voisine de Hangzhou, au sud du delta du Yangtsé, doit rebrousser chemin en raison de la neige. Li Rihua est l'exact contemporain de Shakespeare. C'est un pur produit de la méritocratie chinoise et un précieux témoin des transformations de la société. Son père, un orphelin qui avait fait fortune dans l'immobilier, avait financé ses études. Il parvint au sommet du parcours d'obstacles du fameux système de concours national réinstitué deux siècles et demi auparavant après avoir été mis en veilleuse par la dynastie mongole. Il est nommé juge de district en 1591. Douze ans plus tard, la mort de sa mère l'oblige à quitter ses fonctions pour observer le deuil de vingt-sept mois en usage dans l'Empire. C'est la durée du séjour souterrain imposé aux morts afin de purger leurs péchés avant que le roi Yama et ses neuf dieux vassaux ne les relâchent en vue de leur réincarnation. Pour Li Rihua, ce deuil forcé est plutôt une aubaine et, le délai expiré, il prétexte devoir s'occuper de son vieux père pour ne pas reprendre ses fonctions. Pendant vingt ans il se consacre à ses hobbies : lire, calligraphier, peindre, écrire des poèmes, voyager et collectionner des antiquités. Si nous en savons tant sur lui c'est qu'il tint un journal de son activité de collectionneur, dont il nous reste huit années, de 1609 à 1616. Il s'intitule *Journal de l'atelier du goûteur d'eau*, allusion à l'une des injonctions favorites de cet esthète : bien choisir l'eau destinée au thé. L'art de cultiver, récolter, sécher, préparer et servir le thé faisait au même moment l'objet de longs développements dans l'ouvrage d'un autre bourgeois raffiné, Wen Zhenheng – le bien nommé *Traité des choses superflues*, en douze volumes. Une sorte de manuel de l'élégance. Le sinologue canadien Timothy Brook y a repéré ce bijou : si vous possédez un perroquet, évitez-lui tout contact avec les quartiers populaires, où les criailleries « agressent violemment l'oreille » ; apprenez-lui « de courts poèmes et des phrases harmonieuses ».

Les épouses arrachent la chair de leur époux

Li Rihua est friand d'antiquités de l'époque Song, la brillante dynastie du Sud renversée par les Mongols en 1271. Un véritable marché des antiquités s'est développé dans cet immense pays ponctué de villes dont cinq approchent ou dépassent le demi-million d'habitants. Des marchands frappent à la porte de bourgeois fortunés, souvent des connaisseurs avisés en quête de trouvailles de toute espèce, meubles, porcelaines, peintures et livres. Il y a aussi des boutiques spécialisées. Li possède des livres médicaux ; dans une librairie il tombe en extase devant une pharmacopée illustrée en quarante fascicules discrètement exfiltrée du palais impérial plus d'un siècle plus tôt. Il dédaigne les romans populaires, qui ont pris leur essor un siècle avant l'Europe. Bien qu'il eût une liaison avec une célèbre courtisane poétesse, il juge d'une grande vulgarité le roman érotique *Fleur en fiole d'or* de Jing Ping Mei. Il est féru de bouddhisme. Parti une dizaine de jours sur son bateau, il se plonge dans un ouvrage de commentaires sur le *Sutra de la guirlande*, un classique du bouddhisme chinois. Un an plus tard, un ami lui présente une copie manuscrite du sutra, en quatre-vingt-un fascicules, qu'il a mis six ans à réaliser.

Comme ailleurs dans le monde, le socle de la société reste l'agriculture. Et malgré les trésors d'inventivité déployés au fil des générations par les paysans chinois pour sélectionner les riz les mieux adaptés aux conditions locales, l'équilibre est sans cesse menacé par les caprices du climat. Quand en mars 1616 Li est empêché par la neige de se rendre à Hangzhou, il ne semble pas savoir que plus au nord, dans la province de Shandong, au sud de Pékin, sévit la famine. Ce même mois, un fonctionnaire de la province soumet à la cour un *Recueil illustré de la grande famine des gens du Shandong*. Chaque image est accompagnée d'un poème de lamentation, dont celui-ci :

Les mères mangent le cadavre de leurs enfants
Les épouses arrachent la chair de leur époux.

La famine gagne vers le sud et atteint le delta du Yangstsé peu avant le moment où s'interrompt le journal de Li. Les deux années suivantes elle s'étend à l'ensemble de la Chine. Les catastrophes s'enchaînent. En avril 1618, née de la déforestation des plaines du Nord, une formidable tempête de sable s'abat sur Pékin. « Il pleuvait de la terre », note l'officielle *Histoire des Ming*.

Ce n'est pas la première fois que la dynastie, fondée en 1368, est frappée par une calamité de ce genre. Elle en a vu d'autres. La dernière n'est pas si loin dans les mémoires. En août 1587, le ministre des Finances rapporte qu'au nord du fleuve Jaune les gens mangent de l'herbe et des plantes sauvages. La famine a gagné le Sud. Dans le Guangxi, « les gens se mangent les uns les autres et les cadavres jonchent le sol ; en ville et à la campagne on voit des scènes que le plus doué des peintres ne saurait rendre », écrit un fonctionnaire. Une pandémie se déclare, dont les scientifiques chinois pensent avoir établi qu'elle était la peste bubonique, introduite en raison de la réouverture du commerce avec les Mongols en 1571. Mais l'État bénéficie alors de confortables réserves d'argent (le métal) encaissé grâce à une réforme énergique des prélèvements fiscaux mise en œuvre quelques années plus tôt, si bien qu'il peut redresser la situation tant bien que mal.

Une armée traverse le fleuve Jaune gelé

Il en va autrement quand une nouvelle catastrophe climatique, pire et de plus longue durée que les deux précédentes, s'abat sur le pays. La première alerte est une famine dans la grande province du Shaanxi, dans le nord-est de l'Empire, en 1627. Cinq ans plus tard la cour est inondée de mémoires venant de tout le pays : la famine a complètement désorganisé l'administration, les grandes voies de circulation sont coupées, le banditisme sévit. « Les pauvres fuient et se font brigands, tandis que les riches s'évanouissent sans laisser de traces », note un rapport. Lors d'une rébellion meurtrière au Shandong, les cadavres sont aussitôt découpés pour être mangés. Le froid s'accentue ; en décembre 1633 le cours moyen du fleuve Jaune est pris par les glaces : une armée de rebelles le traverse. Quand la pluie arrive enfin après la sécheresse, des nuées de sauterelles s'abattent sur les maigres récoltes. Le comble se produit dans les dernières années de la dynastie, de 1637 à 1644, et en particulier à partir de 1641, quand une énorme éruption volcanique aux Philippines accentue encore les effets du Petit Âge glaciaire. La Chine éprouve alors la pire sécheresse du dernier millénaire et un froid ressenti comme sans précédent. Dans la moitié nord du pays, les arbres sont dépouillés de leur écorce, devenue un aliment. Les affamés mangent jusqu'aux graines trouvées dans les excréments des oies. Cette fois encore la famine gagne le

Sud. Les cadavres jonchent les rues de Shanghai.

En juin 1643, un édit de l'empereur enjoint à ses sujets de chasser les mauvaises pensées afin que le Ciel (dont il est le fils) interrompe son châtiment et fasse venir la pluie. Là-dessus se greffe une terrible pandémie, marquée par des vagues successives, dont les spécialistes continuent de se demander s'il s'agissait de la variole ou de la peste bubonique – peut-être les deux. Dans certaines régions du Nord, 70 % de la population succombe. Dans le Shanxi (à l'est du Shaanxi), « les cadavres des affamés se regardent d'un bord à l'autre de la route », écrit un historien chinois quelques années plus tard.

L'empereur se suicide

Pour comprendre le processus qui aboutit à la chute de la dynastie, il faut se fonder désormais sur les travaux des scientifiques chinois, qui dominent le sujet. Un élément décisif est que l'armée, forte en moyenne d'un million d'hommes, dépend pour sa subsistance d'un immense domaine agricole s'étendant de part et d'autre de la Grande Muraille, au nord du pays. Un peu comme le mur des Amorrites à l'époque de Sumer, la Grande Muraille avait été édifiée par les Ming pour en finir avec les incursions des guerriers nomades venus des steppes d'Asie centrale et orientale. Les terres agricoles qui nourrissaient l'armée couvraient 29 000 kilomètres carrés, soit près de cinq fois la Beauce. Or les sécheresses qui se succèdent à partir des années 1570 conduisent peu à peu à abandonner les fermes militaires au-delà de la Grande Muraille ; l'aridification s'étant accentuée, ce sont les fermes situées en deçà qui dépérissent à leur tour. Pour trouver les moyens de nourrir l'armée, l'État doit augmenter considérablement les impôts, alors même que la population est affectée par la baisse du rendement des moissons et la hausse du prix des céréales (le riz dans le Sud et le Centre, le millet dans le Nord). L'évasion fiscale et la corruption bondissent. Exsangue, le Trésor public ne peut continuer à assurer la solde de l'ensemble de l'armée ; les désertions se multiplient. Nombre de soldats et fonctionnaires militaires rejoignent les révoltes paysannes, qui à partir de 1628 dans le Shaanxi se sont structurées pour former de véritables armées. Les révoltes s'étendent à la plupart des provinces du Nord et du Centre dans les années 1634-1638 puis à tout le pays à partir de 1640. En 1641, l'armée d'un des deux principaux chefs rebelles, Li Zicheng, approche le million d'hommes. Elle remporte victoire sur victoire contre l'armée Ming, qui se débande. Début 1644, Li Zicheng s'empare de Xi'an, l'ancienne capitale, puis fond sur Pékin qu'il prend par surprise. L'empereur Chongzhen se suicide.

Entre-temps, au-delà de la Grande Muraille, les tribus Jurchens, non moins affectées par la sécheresse, s'étaient organisées sous l'égide d'un brillant stratège, nommé Nuhraci. Il avait formé une alliance avec les tribus mongoles voisines. Pour nourrir son peuple affamé, en mai 1618, il conquiert par surprise la province du Liaodong, au sud de la Mandchourie. L'armée Ming lance une contre-offensive l'année suivante mais c'est un fiasco. La guerre se poursuit, contribuant à épuiser les finances de l'État. Quand Nuhraci meurt en 1626, un de ses fils, Huang Taiji, prend la relève et lance ses cavaliers jusqu'aux abords de Pékin. Il consolide son territoire, donne à son peuple le nom de Mandchous et en 1636 se fait désigner empereur d'une nouvelle dynastie au nom chinois, Qing. Pour ce visionnaire, la prise de Pékin huit ans plus tard par le chef rebelle Li Zicheng est l'occasion rêvée. Il s'allie avec un général Ming qui lui ouvre en grand les portes de la Grande Muraille, chasse Li Zicheng et s'installe sur le trône. Jolie opération : les Jurchens ne comptaient alors qu'un million d'âmes. Et une belle revanche : ils avaient déjà régné sur le nord de la Chine, pendant plus d'un siècle, avant d'en être chassés par les Mongols, en 1234.

Dans les années qui suivirent, l'historien Huang Zongxi imputa la chute des Ming à la médiocrité du dernier empereur, incapable de s'imposer face aux eunuques et aux bureaucrates incompétents qui l'entouraient. L'empereur ne s'est pas « conformé à la Voie », écrit-il en bon néoconfucéen. Un peu comme pour l'Empire romain, ce type d'explication a continué à dominer l'historiographie jusqu'à tout récemment, et certains s'y tiennent : « La plupart des historiens considèrent que l'effondrement de la dynastie Ming a résulté de la détérioration de la qualité de la gouvernance, gagnée par la corruption », écrit par exemple Zheng Jingyun, de l'Académie chinoise des sciences. Mais pour lui comme pour un nombre croissant de spécialistes chinois et occidentaux, il est clair désormais que le changement climatique a au minimum « contribué » à cet effondrement.

C'est un euphémisme. « Orchestré » serait plus approprié. La population de la Chine semble avoir chuté de 40 % entre 1585 et 1645. Certains historiens jugent même qu'à l'avènement de la dynastie Qing elle avait diminué de plus de moitié. Au plus fort du Petit Âge glaciaire, c'est à un véritable déchaînement de la nature que l'administration Ming s'est trouvée confrontée. Quel régime, avec les moyens de l'époque, aurait pu y faire face ? L'étonnant est plutôt que la dynastie ait tenu si longtemps, estime Timothy Brook.

17

La moustache d'Henri IV

Où l'on s'interroge sur un étrange paradoxe : entre 1561 et 1709, l'Europe, qui affronte les pires années du Petit Âge glaciaire, invente la révolution culturelle qui va forger le monde moderne.

Dans ce dérèglement nous voyons les saisons changer.
Les gels blancs tombent dans le frais giron de la rose écarlate [...]. Le printemps, l'été, l'automne fécond,
l'hiver chagrin échangent leur livrée,
et le monde effaré ne sait plus s'y retrouver.

William SHAKESPEARE,
Songe d'une nuit d'été, vers 1595

« Le milieu du XVIIe siècle a vu plus de cas d'effondrement d'États autour du monde qu'aucun âge précédent ou subséquent, écrit l'historien britannique Geoffrey Parker. Dans les années 1640, la Chine des Ming, l'État le plus peuplé du monde, s'est effondrée ; l'Union polono-lituanienne, le plus grand État d'Europe, s'est désintégrée ; une bonne partie de la monarchie espagnole, premier empire global de l'histoire, a fait sécession ; et la monarchie des Stuart s'est rebellée – l'Écosse, l'Irlande, l'Angleterre et ses colonies américaines. De plus, rien que pendant l'année 1648, une vague de révoltes urbaines a commencé en Russie (le plus grand État du monde) et la Fronde a paralysé la France (le pays le plus peuplé d'Europe) ; pendant ce temps, à Constantinople (la plus grande ville d'Europe), des sujets en colère étranglaient le sultan Ibrahim et à Londres, le roi Charles Ier était jugé pour crimes de guerre – le premier souverain à l'être. Dans les années 1650, la Suède et le Danemark furent au bord de la révolution ; l'Écosse et l'Irlande disparurent en tant qu'États autonomes ; la république hollandaise changea radicalement sa forme de gouvernement ; et en Inde l'Empire moghol, le plus riche État du monde, éprouva deux années de guerre civile après l'arrestation, la déposition et l'emprisonnement de son dirigeant. »

Le milieu du XVIIe siècle, c'est le cœur du Petit Âge glaciaire. La thèse de Parker est que ces catastrophes en série sont sinon causées, du moins en lien direct avec le changement climatique, qui est mondial. Nous avons pu le vérifier pour la Chine des Ming au chapitre précédent. En Europe, cette période ponctuée de grands froids, d'étés humides, de sécheresses et de tempêtes (mais aussi de trêves) se déroule en gros de 1561, à la veille des guerres de Religion, à 1709, quand le règne de Louis XIV touche à sa fin. Les historiens ayant bien travaillé, on en connaît les détails, pratiquement année après année et dans la plupart des régions. Le vin gèle dans les caves, il faut le casser à la hache. L'encre gèle dans les encriers. Le Rhin et le Rhône gèlent jusqu'au fond de leur lit et des foires se tiennent sur la Tamise gelée. De véritables litanies ont été rédigées sur ces épisodes ; je me contente ici de présenter quelques points saillants, pour en planter le décor temporel.

Le port de Marseille gèle

Curieusement, la grande offensive du Petit Âge glaciaire s'ouvre, comme au théâtre, sur un signe du ciel : en Europe centrale, une aurore boréale déploie son spectacle le 28 décembre 1560 à six heures du matin. S'ensuit un hiver glacial, puis un été tempétueux et plusieurs années de moissons détestables. Trois célèbres tableaux de Brueghel donnent le *la* : *Le Retour des chasseurs*, *La Journée sombre* (1565) et, deux ans plus tôt, l'étrange *Adoration des rois mages dans un paysage d'hiver*. Ce dernier a été peint alors qu'une nouvelle conjonction de famine et de peste avait dévasté une bonne partie de l'Europe (un million de morts en France). *Le Retour des chasseurs* est peint pendant l'un des plus grands hivers de la période ; la reine Élisabeth se balade sur la Tamise gelée, tandis que ses sujets meurent de faim. Un an plus tard, les Hollandais protestants commencent à se révolter contre le joug espagnol. En 1570, les digues s'étant rompues, Rotterdam est sous les eaux. En 1572, les moulins à blé à Lyon sur le Rhône sont pris dans les glaces et l'on traverse le lac de Constance en voiture à cheval. Le massacre de la Saint-Barthélemy aura lieu l'été suivant. La saison 1585-1586 est à nouveau catastrophique, en tout cas en France, Allemagne, Bohême, Suisse. En 1586, écrit Pierre de

L'Estoile dans son journal, les ruraux coupent le blé à demi mûr « et le mangent à l'instant, pour assouvir leur faim effrénée ». On estime à 500 000 le nombre de décès rien que dans le Bassin parisien. C'est en 1587 que le personnage de Faust fait son apparition en littérature. En 1588, l'Armada dite invincible des catholiques espagnols, partie envahir l'Angleterre protestante, est vaincue par une effroyable tempête. En 1594, le port de Marseille gèle. En 1595, alors même qu'on aurait pu fêter la fin des guerres de Religion et au moment précis où Shakespeare écrit le passage du *Songe d'une nuit d'été* cité en exergue, un pasteur luthérien de la ville commerçante de Stendal, en Prusse, publie un texte étrangement semblable : « Le Soleil ne brille pas vraiment longtemps, il n'y a ni hiver ni été franc ; les récoltes et autres produits de la terre ne mûrissent pas, ne sont plus aussi sains qu'autrefois. La production de toutes les créatures et du monde en général est en recul [...], tout cela entraîne montée des prix et famine, comme en témoignent les gémissements des fermiers dans les villes et les villages. » Un peu partout éclatent des révoltes de la faim.

C'est en 1608, hiver d'une première foire sur la Tamise, qu'est rapportée l'anecdote de la moustache gelée d'Henri IV. On la doit à son historiographe, Pierre Matthieu : « Henri IV dit que la moustache s'étoit gelée au lit, & auprès de la reine. On lui présenta du pain gelé le 23 janvier, & ne voulut qu'on le dégelât. » Mais sautons les étapes. En France, la période de révolte contre le pouvoir royal appelée la Fronde, qui débute en 1648 et débouche sur une guerre civile, n'est pas séparable d'un contexte climatique dégradé. L'année qui suit la mort de Richelieu est marquée par une récolte désastreuse, qui fait monter le prix du pain à un niveau jamais atteint depuis un demi-siècle. Au printemps suivant 1644, les vignes gèlent. La moisson est mauvaise cinq années de suite, de 1647 à 1651. L'hiver 1648-1649 connaît un début glacial puis un dégel et des pluies torrentielles qui font déborder la Seine à Paris et en aval, inondant les cultures. « Si ce temps continue, nous allons mourir de faim », écrit l'abbesse Angélique Arnauld, à Port-Royal-des-Champs. C'est le moment où arrive à Paris la nouvelle de l'exécution de Charles Ier à Londres. L'été suivant est de nouveau pourri et en février 1651 la Seine déborde à nouveau à Paris. L'année 1652 voit « la pire crise démographique de l'Ancien Régime », écrit Parker. À vrai dire, après encore plusieurs épisodes de famine, le royaume de France en connaît encore une autre, d'ampleur comparable, en 1693-1694 : on compte 1,3 million de morts. À cette date la taille des recrues de l'armée n'a jamais été aussi basse.

Les chênes se fendent

Le terrible hiver 1709 clôt cette grande offensive du Petit Âge glaciaire. « Il fait un froid si affreux, écrit de Versailles la duchesse d'Orléans, qu'on ne peut l'exprimer. Je suis assise devant un feu flamboyant, il y a un paravent devant ma porte, qui est fermée, afin que je puisse m'asseoir ici avec une fourrure autour du cou et les pieds dans une peau d'ours, mais je frissonne quand même et peine à tenir la plume. Je n'ai jamais connu un tel hiver, le vin gèle dans les bouteilles. » Dans les campagnes « les gens du peuple meurent de froid comme des mouches », écrit la belle-sœur du roi, Madame Palatine. Des chênes centenaires se fendent en deux « avec un bruit de mousquet ». Le vin gèle dans les caves, les oiseaux tombent sur le sol, des animaux de ferme meurent de froid. On voit trois mètres de neige à Dieppe. À Venise on se déplace en patins à glace et à Bordeaux on traverse la Garonne à cheval. Les oliviers gèlent jusqu'à Valence en Espagne et à Grasse en France. À Poltava, en Ukraine, Pierre le Grand fait subir aux Suédois le sort qu'Alexandre Ier infligera à Napoléon. Après le froid viennent les inondations, une pandémie (née à Rome) et, de nouveau, la faim et son cortège de pillages et d'émeutes (40 morts au Palais-Royal, à Paris). Des femmes de la Halle de Paris se rendent à Versailles et devant les grilles réclament « du pain et la paix » (on est en pleine guerre de succession d'Espagne). Un excès de 600 000 décès sera comptabilisé en France, auxquels s'ajoute un déficit de 200 000 naissances.

J'en viens maintenant au cœur du délit : un beau paradoxe. Car la période indéniablement la plus rude du Petit Âge glaciaire, qui s'étale donc entre 1561 et 1709, est aussi celle, en Europe, d'un extraordinaire essor des sciences, de la philosophie, des lettres, des arts, des techniques et même de l'innovation politique, puisque le régime parlementaire est institué en Grande-Bretagne. Autrement dit, du pire du climat naît la révolution culturelle qui va forger le monde moderne. Les faits sont connus ; j'en souligne quelques-uns.

Montaigne commence à écrire ses *Essais* dix ans après le début de la période. Shakespeare écrit *Hamlet* vers 1600. Le premier opéra, l'*Orfeo* de Monteverdi, est représenté en 1607. Le télescope est inventé en Hollande en 1608, l'année où gèle la moustache d'Henri IV. Le thermomètre et le baromètre font leur apparition. Kepler publie *L'Harmonie du monde* en 1619, Galilée son *Dialogue sur les deux grands systèmes du monde* en 1632. Le *Novum Organum* de Francis Bacon paraît en 1620, le *Discours de la méthode* de Descartes en 1637, les *Éléments de géométrie* de Pascal en 1657. Rembrandt peint sa *Ronde de nuit* en 1642, Vermeer *La Jeune Fille à la perle* en 1665. L'année suivante Molière fait jouer *Le Misanthrope*. La Royal Society (Académie des sciences) est fondée en 1660. Newton publie ses *Principia Mathematica* en 1688, l'année même de la Glorieuse Révolution qui instaure le parlementarisme. En 1703, il est élu président à vie de la Royal Society et représente l'université de Cambridge au Parlement.

Une illusion diabolique

Pour l'historien allemand Wolfgang Behringer, ce grand paradoxe du Petit Âge glaciaire peut s'interpréter comme une réaction de l'intelligence humaine face à l'insupportable instabilité de ces temps difficiles. Instabilité créée et entretenue par les interactions entre les caprices du climat, les guerres, les fanatismes et la faiblesse des institutions. Au siècle du Roi-Soleil se lève « le froid soleil de la raison ».

Un bon point de départ est la question de la sorcellerie. Les sorcières avaient remplacé les juifs comme boucs émissaires. Elles sont tenues pour responsables, entre autres, des mauvaises moissons, années de disette et, en amont, des variations du climat. De fait, dans la foulée du refroidissement désastreux de 1561 et des mauvaises saisons qui suivent, la chasse aux sorcières prend l'allure d'une épidémie. Elle est cautionnée chez les catholiques par l'Inquisition et chez les protestants par les écrits de Luther et Calvin. Une cinquantaine de milliers de sorcières (et de sorciers) ont été brûlées entre ce moment et les années 1630. Mais des voix s'élèvent. Dès 1563 le médecin hollandais Johann Weyer publie un livre affirmant que la notion même de sorcellerie est une illusion diabolique. Il accuse les protestants d'inhumanité. Un peu plus tard le catholique Montaigne prend le contre-pied d'un ouvrage de l'influent juriste et philosophe politique Jean Bodin, *De la démonomanie des sorciers,* publié en 1580. L'auteur des *Essais* met en cause le droit des hommes à juger sans savoir : « Les sorcières de mon voisinage ont leur vie en danger chaque fois qu'un nouvel auteur plaide pour la réalité de leurs visions [...]. Dieu en la matière doit être cru [...] mais non, par conséquent, l'un d'entre nous. »

La lutte contre l'instabilité se manifeste dans des domaines aussi divers que le renforcement des États et des bureaucraties, la banalisation de l'armée de métier, la passion pour l'astronomie, l'avènement de « l'esprit de géométrie » et de la science expérimentale, l'appel au « bon sens » cartésien, les traités d'agronomie, l'architecture versaillaise, les premiers périodiques consignant les nouvelles du monde, les nouveaux canons de la rigueur littéraire et grammaticale. L'idée naît aussi que la science est appelée à devenir une entreprise collective. Les premiers journaux scientifiques font leur apparition, et la religion n'a plus son mot à dire : en Italie, en Angleterre et en France les théologiens sont interdits d'entrée aux académies. Les événements climatiques eux-mêmes font l'objet de premières tentatives d'explication rationnelle et l'idée prévaut désormais que les dirigeants sont comptables de la gestion des catastrophes naturelles.

Cette époque surprenante fonde aussi ce que le sinologue Kenneth Pomeranz a appelé « la grande divergence », le moment où s'organise l'essor de l'Europe, tandis que la Chine reste figée dans ses traditions. Mais c'est une autre histoire.

18

Le pistolero

Où l'on soupçonne que la Révolution française a été mise en mouvement par une crise climatique majeure. Et mise à l'arrêt, six ans plus tard, dans le sillage d'une crise climatique analogue.

It is not always that there is a strong reason for a great event (Un grand événement ne procède pas forcément d'une raison majeure).

Samuel JOHNSON, 1771

La récolte avait été satisfaisante, superbe même, écrit Emmanuel Le Roy Ladurie. Voilà bien la seule bonne nouvelle de cet été 1787, marqué par un affrontement sans précédent entre le roi et le parlement de Paris sur les moyens de régler la crise financière aiguë à laquelle la royauté est confrontée. En septembre, Louis XVI, campant sur sa position de monarque de moins en moins absolu, fait à son cousin contestataire le duc d'Orléans sa fameuse réponse : « C'est légal parce que je le veux. » Hélas pour lui, les dieux du ciel ne sont pas de son côté. Cela commence par un net excédent de pluies à l'automne, mauvais pour les semailles. « Beaucoup de terres n'ont pas été ensemencées », écrivent à Necker les sieurs Leleu, grands marchands de blé parisiens. S'ensuit un hiver doux, favorable aux mauvaises herbes et aux ravageurs. Puis un début d'été très chaud, provoquant l'échaudage des blés : le grain brûle alors qu'il n'est pas encore dur. « La trop grande chaleur a fait chauder les blés, de sorte que la récolte a été petite, écrit un chroniqueur près de Meaux ; il ne rendait guère de gerbes ni de minots » (mesure de volume pour les grains). La faible moisson a été aggravée par la sécheresse : 40 % de déficit des pluies dans le nord de la France au printemps, jusqu'à 80 % dans le sud. À quoi vient s'ajouter le 13 juillet, un an avant la prise de la Bastille, un formidable orage de grêle. Parti de l'embouchure de la Gironde, il prend tout le pays en écharpe pour aboutir à Utrecht.

Retour de Rambouillet, où il était à la chasse, Louis XVI se réfugie dans une ferme. Les vitres du château explosent, les ardoises volent. « Les grêlons étaient d'une taille et d'un poids jamais vus dans ce pays », écrit lord Dorset, l'ambassadeur britannique. Certains grêlons atteignent 600 grammes, des chevaux s'écroulent. La grêle ne touche qu'une partie du territoire mais « hache les grains et les arbres par où elle a passé », note le chroniqueur de Meaux. Les vignes, souvent la seule source d'argent frais pour les paysans, sont hachées menu. L'événement frappe les esprits. Une première volée d'émeutes éclate à partir du mois d'août.

Les moulins sont à l'arrêt

Après quoi survient un hiver particulièrement rigoureux. On recense 86 jours de gel de décembre 1788 à février 1789. Maintenant que les thermomètres existent, on enregistre à la Saint-Sylvestre –21,75 °C à Paris. Les fleuves en partie gelés et les routes enneigées n'acheminent plus les grains. Les moulins sont à l'arrêt. Le vin gèle dans les caves. Les arbres lézardés se fendent. Déjà élevés en août, les prix du blé et du seigle continuent de grimper – en un temps où pour une partie de la population le pain absorbe encore la moitié du budget. On compte 10 000 morts supplémentaires et le déficit des naissances s'établit à 30 000. 58 émeutes frumentaires ont été identifiées en 1788 ; le chiffre passe à 239 pour les seuls quatre premiers mois de 1789. Les 27 et 28 avril, les émeutiers de Paris crient « Mort aux riches, mort aux aristocrates ». L'émeute est noyée dans le sang. La tension ne cessera de monter jusqu'au début juillet, illustrant cette constatation de l'historien anglais Alfred Cobban : « Le moment le pire après une mauvaise moisson est toujours le début de l'été suivant, quand le produit de la moisson précédente est épuisé et que la nouvelle moisson n'est pas encore rentrée. » Le prix des grains atteint son plus haut niveau le 14 juillet. La révolution est lancée.

Selon l'historien François Furet, « le soulèvement des misérables donne à la conscience révolutionnaire la force du nombre et le sentiment de l'urgence ». Et la crise frumentaire va encore s'accentuer pendant l'été, contribuant à engendrer la

« Grande Peur ». Cette fois c'est en raison de la sécheresse que les moulins sont à l'arrêt, faute d'eau dans les rivières. Le point culminant sera la fameuse marche initiée par des femmes, depuis la place de Grève (devant l'Hôtel de Ville de Paris) jusqu'à Versailles, le 5 octobre 1789, pour « chercher du pain ». Accompagnées d'hommes en armes, elles pénètrent dans le château et ramènent triomphalement à Paris « le boulanger, la boulangère et le petit mitron ».

N'allez pas en conclure que le climat est la cause de la Révolution ! Pour preuve, l'Angleterre a connu une séquence comparable : hiver 1787-88 tiède, printemps 1788 très chaud. Le mois de mai en Angleterre centrale est le plus chaud jamais encore enregistré par les thermomètres. L'été est le plus chaud de la période 1780-1793. Et décembre 1788 est le mois le plus froid jamais consigné. Les communications entre Douvres et Calais sont bloquées par la glace des ports. On compte comme en France un surplus de 10 000 décès. Mais les Anglais ont des ressources. À Londres on chauffe à la houille les eaux d'un bief de la Tamise pour que les moulins continuent de moudre. Surtout, une mauvaise moisson n'entraîne plus forcément outre-Manche une augmentation du prix des grains. C'est dû pour une part à la facilité avec laquelle les navires anglais apportent des céréales en cas de menace disetteuse, depuis les ports de la Baltique où ils chargent les blés ukrainiens et polonais. C'est dû plus encore au résultat d'une modernisation et diversification de l'agriculture nettement plus poussée qu'en France.

« L'agriculture en est encore au Xe siècle », écrit avec un soupçon d'exagération l'agronome et économiste britannique Arthur Young, qui a sillonné la France dans les années 1787, 1788 et 1789 et en a tiré un ouvrage. Plus nuancé, il écrit : « Allez dans les régions où la propriété est très divisée, et vous trouvez une grande détresse, de la misère même, et probablement une très piètre agriculture ; allez dans d'autres, où la division de la terre n'a pas eu lieu, et vous trouverez une meilleure agriculture, et infiniment moins de misère. »

Dans le premier volume de ses *Origines de la France contemporaine*, publié en 1875, Hippolyte Taine, fin connaisseur de l'Angleterre, cite abondamment Young et écrit : « [Il] calcule que, de son temps, l'acre anglaise produit vingt-huit boisseaux de grain, l'acre française dix-huit, que le produit total de la même terre pendant le même laps de temps est de trente-six livres sterling en Angleterre, et seulement de vingt-cinq en France. » Taine observe : « Sauf en Flandre et dans la plaine d'Alsace, les champs restent en jachère un an sur trois, et souvent un an sur deux. Mauvais outils ; point de charrues en fer [...]. L'essieu des charrettes et les cercles des roues sont en bois, et plus d'une fois la herse est une échelle de charrette. Peu de bestiaux, peu de fumures. » Il ajoute : « La pomme de terre [dont la culture s'était répandue outre-Manche] est à peine connue, et, selon Arthur Young, sur cent paysans, quatre-vingt-dix-neuf refuseraient d'en manger. » Pour décrire la misère paysanne, il multiplie les témoignages de l'époque, notamment ceux des intendants, plus tard vilipendés, et conclut : « Le peuple ressemble à un homme qui marcherait dans un étang, ayant de l'eau jusqu'à la bouche ; à la moindre dépression du sol, au moindre flot, il perd pied, enfonce et suffoque. »

Du pain d'avoine et de sarrasin

Que ce soit chez les paysans, qui représentent 75 à 85 % de la population, ou chez la classe montante des ouvriers, l'essentiel de l'alimentation vient des céréales et d'abord du pain, composé d'un mélange de blé et de seigle et parfois seulement d'orge, d'avoine ou de sarrasin. « D'après les rapports des intendants, le fond de la nourriture en Normandie est l'avoine, dans l'élection de Troyes le sarrasin », écrit Taine. Seuls les riches mangent du pain blanc, fait de blé (froment). En temps de disette on mélange les céréales avec des coquilles de noix, noisettes pilées et autres déchets. Depuis le XVIe siècle, la France n'était pourtant pas avare de traités d'agriculture mais les innovations préconisées ne sont entrées en application que dans une petite minorité d'exploitations, notamment dans le Nord au contact des Flandres. La plupart des nobles ne s'intéressent à leurs terres que pour les revenus qu'ils en tirent. « Sans doute, écrit Taine, sous Louis XVI, le gouvernement s'adoucit, les intendants sont humains, l'administration s'améliore, la taille devient moins inégale, la corvée s'allège en se transformant, bref la misère est moindre. Et pourtant elle est encore au-delà de ce que la nature humaine peut porter. » Quant à la cour, elle est surtout le lieu de fêtes et d'intrigues, et en matière d'agriculture le principal souci des ministres est le commerce des grains. À l'été 1788, faisant passer la crise financière avant la crise frumentaire, le ministre Brienne choisit encore d'en exporter, comme l'année précédente.

Réformateurs à la peine

L'historien américain Steve Pincus soutient que les révolutions se produisent « seulement quand l'ancien régime se décide à engager d'ambitieux programmes de modernisation. Les révolutions dressent alors divers groupes de modernisateurs les uns contre les autres ». De fait, depuis les dernières années du règne de Louis XV la cour ne cesse de caresser ou d'annoncer des projets de réforme. La plupart n'aboutissent pas, mais leur discussion anime de plus en plus fébrilement les parlements de Paris et de province, assemblées exclusivement composées de nobles et de notables. Correspondant de Voltaire, lord Chesterfield écrit à cette époque : « Les remontrances du parlement tendent à ce que nous appelons ici les principes de la Révolution [...]. Ce que j'ai jamais rencontré dans l'histoire de symptômes avant-coureurs des grands changements existe et s'augmente de jour en jour en France [...]. Je puis bien prédire qu'avant la fin de ce siècle le métier de roi déchoira de plus de moitié. La nation française raisonne librement, ce qu'elle n'avait point fait encore en matière de religion et de gouvernement. » Mais tandis que le bruit des réformes excite les esprits, que certaines d'entre elles, un jour entérinées, sont bientôt rapportées, les ministres réformateurs tombent les uns après les autres, et le roi, démuni, s'arc-boute sur ses prérogatives. Louis XV en 1766 : « C'est en ma personne seule que réside la puissance souveraine [...] à moi seul qu'appartient le pouvoir législatif sans dépendance et sans partage. » Quelques jours avant sa disgrâce, Turgot écrit à Louis XVI, en 1776 : « N'oubliez pas, Sire, que c'est la faiblesse qui a mis la tête de Charles Ier sur le billot. » Qu'à cela ne tienne. En juillet 1787, alors que le conflit avec le parlement de Paris a atteint un sommet, le garde des Sceaux Lamoignon rappelle aux parlementaires que le roi est le « seul administrateur du royaume ». Quelle distance avec l'Angleterre, qui depuis près d'un siècle vit (tant bien que mal, certes) un véritable régime parlementaire !

La « triplette » 1787-1788-1789

Croyant bien faire, le comte de Vergennes, ministre réformateur, avait conclu en 1786 un traité de libre-échange avec le voisin et rival d'outre-Manche. L'industrie textile britannique étant nettement plus avancée que sa consœur, les produits anglais moins chers envahissent le marché français et entraînent, au cœur de la crise frumentaire, le chômage de milliers d'ouvriers et une pression à la baisse sur les salaires, y compris dans d'autres secteurs. Alors que la population globale du pays a crû de deux millions depuis 1770 – une augmentation de 10 % –, les villes se retrouvent grossies de paysans devenus vagabonds et d'ouvriers désœuvrés ou inquiets pour leurs revenus.

Pour Emmanuel Le Roy Ladurie, la crise climatique de la « triplette » 1787-1789, sans être bien sûr la cause de la Révolution, en est la « gâchette » (image empruntée à Jaurès), ou encore le « pistolero », autrement dit l'« agent déclencheur ». Dans un accès de verve joyeuse comme on en trouve souvent dans les trois forts volumes de son *Histoire humaine et comparée du climat*, il écrit : « C'est au cours de ce couple ou trio d'années littéralement "fatal" (ou auroral ?) 1788-1789, voire 1787-1789, que s'opère l'endosmose, la transsubstantiation, la greffe catastrophique (pour l'Ancien Régime) entre le politique – fort agité déjà depuis plus d'un couple de lustres, voire quatre décennies – et le climatique alias climatérique, déclenché par une histoire météo courte, brutale, complexe, allant de l'automne 1787, via 1788, jusqu'aux saisons suivantes. »

Et l'histoire se répète

Pour les amateurs de découvertes climatiques, Le Roy Ladurie décrit aussi la nouvelle crise frumentaire qui frappera la France au lendemain de la chute de Robespierre. Suivant un scénario proche de 1788, la récolte 1794 est désastreuse.

L'hiver a été trop doux et la vive chaleur du début de l'été a échaudé les blés ; après quoi les pluies, grêles et orages ont compliqué la moisson. Le tout suivi, l'histoire se répète, par un hiver très froid, qui permet aux cavaliers de Pichegru d'aller cueillir les navires de guerre hollandais bloqués dans les glaces du Helder, en janvier 1795. En février, le vin est à nouveau gelé dans les caves. La disette est aggravée par une décision absurde de la République thermidorienne, qui supprime le maximum des grains (blocage des prix) ; aggravée encore par le blocus anglais et les réquisitions de l'armée, car on est en guerre. Témoin le chroniqueur de Meaux : « Avec du riz on mettait des pommes de terre dans le pain que l'on écrasait pour mettre dans la farine ; pour ménager la farine, comme le grain était bien cher, ceux qui n'avaient pas caché de grain ni de farine [pour échapper aux réquisitions] ont été réduits à ne pas manger tout leur content, même les fermiers ; on a fait du pain d'avoine, de fèves, de pois, de vesse, tout cela faisait du très mauvais pain, encore il y en a qui en ont manqué tout à fait, il y en avait qui faisaient cuire des herbes par faute de pain ; même des personnes bien riches en ont manqué, c'était une désolation en France. » Il en sort les émeutes de prairial, au printemps 1795. Leur brutale répression scelle la fin du radicalisme jacobin. « La Révolution [...] ne sera ultérieurement qu'un long fleuve plus ou moins tranquille, écrit Le Roy Ladurie, non sans ressacs ou ressauts, jusqu'à brumaire, et qui déjà "s'embourgeoise" sur le mode progressif. »

19

Le printemps des peuples

Où l'on décrit un curieux enchaînement de causes et d'effets, allant d'une éruption volcanique à la maladie de la pomme de terre, en passant par des épidémies de choléra et des mauvaises récoltes en série.

Le drapeau rouge que vous nous rapportez
n'a jamais fait que le tour du Champ de Mars,
traîné dans le sang du peuple en 91 et 93,
et le drapeau tricolore a fait le tour du monde
avec le nom, la gloire et la liberté de la patrie !

Discours d'Alphonse DE LAMARTINE,
25 février 1848

Nous sommes en 1816. En Allemagne du Nord, non loin de la Baltique, Caspar David Friedrich peint un ciel étrange et tourmenté, curieusement orangé, au-dessus de la ville de Neubrandenburg. La même année, près de la côte nord-est de l'Angleterre, John Crome peint un moulin à vent dans une atmosphère lugubre, avec un ciel jaune sale. Et l'année suivante, Turner achève un tableau évoquant une fin du monde, *Le Déclin de l'Empire carthaginois*, avec un ciel jaunasse, bizarre. De l'avis des connaisseurs, ces toiles expriment le désarroi de ces artistes devant un changement subit du climat, dont la cause sera identifiée bien plus tard : l'explosion d'un volcan indonésien, le Tambora. Les aérosols soufrés ont envahi l'atmosphère de la quasi-totalité de la planète, entraînant la fameuse « année sans été », appelée en Allemagne « l'année du mendiant ». Survenue en avril 1815, deux mois avant Waterloo, l'éruption a pour le moins retardé la reprise économique que l'on pouvait attendre de la fin des guerres napoléoniennes. L'absence de soleil franc a compromis la moisson et les vendanges de 1816. Au printemps suivant, le colonel Carl von Clausewitz, qui avait participé à Waterloo, parcourt à cheval la région rhénane et écrit : « J'ai vu des peuples décimés, ayant perdu toute humanité, fouillant les champs à la recherche de pommes de terre à demi pourries. » Et voici le témoignage du vicaire général d'Autun : « 1817 fera époque dans les annales de la France. Quelle misère parmi le pauvre peuple ! quelle famine surtout dans le Morvan, dont les récoltes avaient été absolument nulles en 1816 ! Le blé et les grains sont demeurés [...] ainsi que le vin, à un prix très élevé : peu de personnes ont pu y atteindre. Tel a été obligé de vendre ses vaches, ses bœufs et même maint héritage pour se procurer du pain. Le misérable peuple ici et ailleurs a vécu constamment de pain de son, et qui revenait si cher que plusieurs, ne pouvant en acheter, se nourrissaient, eux et leur famille, d'herbages de toute espèce. » Des émeutes éclatent en France et Angleterre. En Irlande la famine se double d'une redoutable épidémie de typhus ; transmise par les poux, la maladie décime aussi la ville de Glasgow et les habitants pauvres de Londres. Le choc de Tambora est ressenti dans d'autres régions du monde. En juin 1816, la neige détruit les récoltes dans le nord-est des États-Unis. L'Afrique du Sud connaît une sécheresse dramatique. En Chine méridionale, le Yunnan est frappé dès la fin 1815 et connaît une affreuse famine.

Le vibrion

L'explosion du Tambora est parfois présentée comme ayant eu un impact prolongé sur les affaires humaines. Cela se discute car dès 1818 le cours normal du climat avait repris ses droits. Mais de fait, la taille moyenne des adolescents baisse en Europe entre 1830 et 1860. Et deux effets indirects de l'explosion valent d'être soulignés. Au Yunnan, le désastre des récoltes de riz conduit de nombreux paysans à se tourner vers la culture du pavot. Le Yunnan est devenu l'épicentre du commerce de l'opium, source des guerres du même nom qui vont opposer à la Chine l'Angleterre puis la France et la Russie. Et au Bengale, les perturbations climatiques engendrées par Tambora ont contribué à déclencher une pandémie de choléra.

Le « vibrion » cholérique, une bactérie, se reproduit en temps ordinaire dans des eaux chaudes et chargées de nutriments – comme dans le delta du Gange. Il contamine une population si celle-ci n'est pas ou plus protégée par l'immunité collective. Il produit une déshydratation spectaculaire. En 1503 un officier de Vasco de

Gama raconte comment 20 000 hommes à Calcutta sont morts d'une « maladie qui les frappait soudainement au ventre, entraînant chez certains la mort en huit heures ». L'effet d'un changement climatique dans le déclenchement d'une épidémie de choléra est désormais bien établi, même si les mécanismes d'une telle dynamique restent relativement obscurs. En 1817 la maladie s'est répandue au Bengale à la faveur de la perturbation du climat provoquée deux ans durant par Tambora. En campagne contre l'Empire marathe, une armée anglaise a été contaminée et en partie décimée. Des récits horrifiés ont gagné l'Angleterre. Mary Shelley, qui avait écrit *Frankenstein* lorsqu'elle séjournait sur les bords du lac Léman peu après l'éruption du Tambora et en subissait les effets, imagine en 1826 dans sa dystopie *Le Dernier Homme* une pandémie inspirée de ces récits. Le choléra gagne la Chine et le Japon, progresse aussi vers l'ouest mais s'arrête en Perse en 1823. Une seconde vague atteint en 1831 l'Europe centrale et l'Égypte (130 000 morts). Elle gagne Londres et Paris l'année suivante (respectivement 6 500 et 18 000 victimes). Le Royaume-Uni et la France comptent

55 000 et 100 000 morts. Une troisième vague fait un million de morts en Russie en 1846. Elle tue 20 000 Parisiens en 1849 et 10 000 Londoniens en 1853-54. Les deux épidémies franchissent l'Atlantique, faisant au total 150 000 victimes aux États-Unis.

On vole les fagots

D'après les historiens allemands, le désastre frumentaire créé par Tambora a contribué à tuer dans l'œuf les éphémères expériences libérales menées dans les petits États de Bade, Bavière et Wurtemberg. En tout état de cause, les idées libérales progressaient un peu partout dans l'ancienne Europe napoléonienne. Elles aboutissent à une première flambée révolutionnaire en 1830. Revisitant les travaux de son compatriote Ernest Labrousse, Emmanuel Le Roy Ladurie s'est penché sur les conditions climatiques qui ont présidé à cet événement. Elles n'ont plus rien à voir avec Tambora, mais n'en sont pas moins frappantes. Pour simplifier : une bonne récolte en 1829 n'a pas suffi à enrayer la hausse des prix du froment due aux mauvaises récoltes de 1827 et 1828, et l'annonce début juillet 1830 d'une nouvelle récolte catastrophique a mis le feu aux poudres, d'abord en France puis en Belgique. Ces révolutions ont inspiré des mouvements analogues en Italie, en Suisse et en Pologne. Les mauvaises récoltes étaient dues à des printemps et débuts d'été trop arrosés.

Le printemps 1829 est marqué par 64 émeutes de subsistance. L'hiver 1829-1830, très rigoureux dans toute l'Europe, accroît les tensions. 77 jours de gel à Paris. En Alsace, les vignes gèlent. Dans les campagnes, on vole les fagots. S'ensuit un printemps pourri : tout le monde le sait, ce ne sont pas seulement les récoltes, mais les vendanges qui seront détestables. Le 2 janvier 1830, un article de presse donne le ton : « La rigueur prématurée de l'hiver, la cherté du pain, le défaut de travail et la détresse des classes inférieures de la société ont excité dans les classes supérieures une sympathie et une pitié généreuses. » Conclusion possible : les élites libérales n'auraient pu renverser Charles X sans la révolte de « classes inférieures » qui pensaient plus au pain qu'à la liberté de la presse et au parlementarisme. Sachons ne pas oublier « l'épaisse et coriace réalité des faits sociaux », écrit Le Roy Ladurie en forme d'adresse à ses collègues historiens férus d'histoire des idées. Et là encore, comme en 1789, s'impose une comparaison avec l'Angleterre. Celle-ci a connu la même série de mauvaises années, en pire car la récolte de 1829 a elle aussi été mauvaise. Il s'ensuit des révoltes d'ouvriers agricoles et des bris de machines à battre par les luddistes ; mais pas de conséquence véritable, car l'agriculture est plus performante et diversifiée, le gouvernement importe massivement le blé manquant et, même si le vote privilégie encore les propriétaires terriens, le régime parlementaire est installé depuis longtemps.

Communisme et socialisme

Les mouvements révolutionnaires de 1830 ont des résultats variés : passage à une monarchie constitutionnelle en France, indépendance d'une Belgique qui a secoué dans le sang le joug hollandais ; progrès de la démocratie cantonale en Suisse ; répression brutale en Italie et en Pologne (Chopin s'installe à Paris). Mais partout les idées libérales se radicalisent. En

France, Fourier publie *La Fausse Industrie* en 1836 et l'année 1840 voit une explosion d'ouvrages pour le moins engagés : *L'Organisation du travail* de Louis Blanc, le *Voyage en Icarie* d'Étienne Cabet, *Qu'est-ce que la propriété ?* de Proudhon. Les mots « communisme » et « socialisme » entrent dans le langage courant. La révolution industrielle bat son plein – les enfants sont à l'usine – et « la misère apparaît de plus en plus comme un scandale injustifiable », écrit l'historien François Jarrige. Concrètement, le mouvement se fédère autour de l'idée d'un retour à la république. En Allemagne, Marx lit les socialistes français ; il publiera son *Manifeste du parti communiste* le 21 février 1848, la veille précisément du jour où éclate la révolution à Paris. Celle-ci est déclenchée par l'interdiction d'un « banquet » républicain (colloque à la française, dont les participants sont attablés) qui appelait à un élargissement du droit de vote. Trois jours suffirent pour amener l'abdication du roi Louis-Philippe et la proclamation d'une nouvelle République, animée par un poète, le très romantique Alphonse de Lamartine. « Quel rêve ! écrit le 9 mars la romancière George Sand. On est fou, on est ivre, on est heureux de s'être endormi dans la fange et de se réveiller dans les cieux. » Victor Hugo écrira : « Les quatre mois qui suivirent février furent un moment étrange et terrible. La France stupéfaite, déconcertée, en apparence joyeuse et terrifiée en secret, [...] en était à ne pas distinguer le faux du vrai, le bien du mal, le juste de l'injuste, le sexe du sexe, le jour de la nuit, entre cette femme qui s'appelait Lamartine et cet homme qui s'appelait George Sand. » L'euphorie ne va pas durer, car en juin les ouvriers se révoltent à leur tour contre cette république bourgeoise, qui réagit avec brutalité. Mais les journées de février ont produit une onde de choc en Europe. Des mouvements révolutionnaires ébranlent un peu partout le régime en place. On parlera plus tard de « printemps des peuples ». Il est presque partout réprimé mais la Hollande et le Danemark se dotent de constitutions libérales pérennes et le servage est aboli en Hongrie et en Autriche.

Un vent de jacquerie

Comme en 1830, le climat a joué son rôle. L'aurait-il bien joué ? D'abord, alors que nous sommes encore (plus pour longtemps) dans le Petit Âge glaciaire, l'été 1846 est dans l'hémisphère Nord l'un des plus chauds des cinq cents dernières années. Ce n'est pas seulement la sécheresse qui est en cause, mais l'échaudage des céréales, blé et seigle, qui se produit au début de l'été – comme en 1788. On relève 36 °C en Île-de-France en juillet. Il s'ensuit dans toute l'Europe une forte hausse du prix du pain, laquelle, écrit en 1892 l'historien Paul Thureau-Dangin en parlant de la France, « alarma aussitôt le public ». Il est bon de se concentrer sur la France, puisque c'est de là qu'a jailli l'étincelle. À la très mauvaise récolte viennent s'ajouter à l'automne des inondations catastrophiques dans le bassin de la Loire. Longuement cité par Le Roy Ladurie, Thureau-Dangin poursuit : « les retraits opérés dans les caisses d'épargne révélaient la détresse des classes pauvres. En même temps que les corps souffraient, les passions fermentaient. De graves désordres éclatèrent dans les départements de l'ouest et du centre. Des paysans et des ouvriers s'opposaient par la violence à la circulation des grains, pillaient [...], envahissaient les marchés, et prétendaient forcer les propriétaires à vendre leur récolte à un certain prix. De véritables bandes de mendiants terrorisaient les fermes isolées [...]. On eût dit qu'un vent de jacquerie soufflait sur la France. Le gouvernement se montra ferme [...]. La presse radicale ne manqua pas de s'apitoyer sur les victimes de la justice bourgeoise. » Après avoir décrit la crise financière qui a suivi et souligné « le défaut de prévoyance » du gouvernement, Thureau conclut : « Rarement un simple incident climatérique avait produit une telle succession de contrecoups. Le mal, d'ailleurs, n'était pas spécial à la France. Il s'étendait à tous les pays où les blés avaient manqué. »

La pomme de terre

Or les blés n'étaient pas les seuls à « avoir manqué ». C'était aussi le cas de la pomme de terre, devenue un important aliment de complément en Europe non méridionale. Les tubercules sont atteints en 1845 et 1846 par un méchant champignon venu d'Amérique. En Irlande c'était devenu l'aliment de base, si bien qu'un million des habitants de l'île sont alors morts de faim – ou peut-être surtout des maladies induites par une grave sous-alimentation : typhus, typhoïde, dysenterie. D'où un gigantesque mouvement migratoire vers les États-Unis. Même chose ou à peu près dans les Highlands écossais. Mais la maladie de la pomme de terre a aussi touché le reste de l'Europe ; en France, le Nord, la Lorraine, le Centre et le Bassin parisien. Dans certaines zones la production a baissé des trois quarts ; au total, pour l'Hexagone, de 20 %. En décembre 1846, un journal lorrain évoque « une population laborieuse et sobre qui, dans les meilleures années, ne se nourrit que de pommes de terre et qui se verra, sous peu de jours, arracher cette chétive quoiqu'unique ressource, car la pourriture les aura bientôt dévorées ». Le climat a-t-il encore joué un rôle ? Peut-être, car l'année 1845 avait été exceptionnellement humide et l'excès d'humidité, au moins dans certaines régions, comme en Bourgogne, poursuivi dans l'hiver 1846, anormalement doux. Or le champignon « aime l'humidité », écrit Le Roy Ladurie. Celle-ci « stimule la multiplication des spores [lesquelles] s'implantent plus aisément dans un sol détrempé ».

On retrouve le même paradoxe qu'à la veille des Trente Glorieuses : l'année qui précède voit un retour à la normale climatique. La récolte 1847 est bonne, comme l'avait été celle de 1829. « De la canicule 1846 aux premiers trimestres de 1848, via la révolution de février, le chemin est tortueux, complexe. Ce n'est pas la perspective Nevski ! » écrit Le Roy Ladurie. Quoi qu'il en soit, ce sera la dernière crise de subsistance européenne. Encore n'est-elle pas ressentie partout avec la même intensité. En Angleterre, où l'on supprime les Corn Laws, qui restreignaient les importations de céréales, la crise frumentaire crée une belle crise financière et provoque quelques révoltes, mais c'est à peu près tout. Il faut dire qu'au pays de Dickens 23 % seulement de la population est encore employée dans l'agriculture, contre 49 % en France ; 40 % de la population habite dans des villes de plus de 10 000 habitants, contre 15 % en France ; alors que le PIB par tête a baissé en France en 1845, 1846 et 1848, il n'a cessé de continuer à augmenter outre-Manche.

En 1857, Jean-François Millet peint *Les Glaneuses*. Trois paysannes pauvres glanent les épis restés au sol. À l'arrière-plan, les moissonneurs coupent les blés à la faucille, sous la surveillance du régisseur, campé sur son cheval. Le printemps des peuples est oublié – pour un temps. Un nouveau Napoléon règne en monarque autoritaire. L'agriculture française, elle, attend toujours sa révolution.

20

Les raisons de la colère

Où l'on voit que le Dust Bowl a été favorisé par une sécheresse et des chaleurs hors normes, témoignant d'un réchauffement global mais temporaire dans l'hémisphère Nord.

Les hommes se tenaient près de leurs clôtures
et regardaient leur maïs dévasté qui se desséchait
vite maintenant, ne montrant plus qu'un tout petit
peu de vert sous la mince couche de poussière.

John STEINBECK, *Les Raisins de la colère*, 1939

Nous avons tous vu la photo de Dorothea Lange montrant une belle femme au visage angoissé, un bébé sur les genoux, deux enfants plus âgés cachant leur visage derrière leur mère. Elle a été prise en 1936 en Californie dans un camp de migrants. Cette femme de trente-deux ans avait quitté l'Oklahoma deux ans plus tôt à la recherche de moyens d'existence. Elle faisait partie des quelque deux millions et demi de personnes ayant fui les grandes plaines du centre des États-Unis en raison du Dust Bowl, la plus grande catastrophe climatique de l'histoire du pays depuis son indépendance. L'État de l'Oklahoma à lui seul a perdu 440 000 habitants, dont 250 000 ont gagné la Californie. Comme on était aussi au beau milieu de la Grande Dépression qui a suivi le krach de 1929, ces migrants, au lieu d'y trouver l'Eldorado espéré, y ont pour la plupart connu une misère noire.

Pour comprendre ce qu'ont vécu les gens aux prises avec le Dust Bowl, rien ne remplace les photos : l'arrivée de tsunamis de particules de terre et de sable hauts comme un gratte-ciel ou davantage barrant l'horizon ; des maisons ensevelies sous la poudre comme des chalets de montagne après une tempête de neige ; des migrants sur les routes, leurs affaires entassées sur des véhicules brinquebalants. Les cultures étaient anéanties par la couche de poussière (jusqu'à six mètres par endroits) et le bétail mourait.

Blizzards noirs

L'expression Dust Bowl (cuvette ou bassin de poussière) a été inventée par un journaliste témoin du fameux « dimanche noir ». Le 14 avril 1935, dans l'Oklahoma, les oiseaux fuient mais sont rattrapés par un mur de poussière qui avance à 90 kilomètres/heure. Et soudain il fait nuit noire en plein jour. Les « blizzards noirs » ont commencé en 1932 et ont sévi jusqu'en 1941. Le pire s'est produit dans les années 1934-1938. La zone la plus sévèrement touchée, à répétition, se situe à la jonction de cinq États : Oklahoma, Kansas, Colorado, Nouveau-Mexique et Texas. Mais le Dust Bowl a en réalité concerné (avec une moindre sévérité) une vaste étendue, allant de la frontière mexicaine, au sud du Texas, jusqu'aux plaines canadiennes de l'Alberta, du Saskatchewan et du Manitoba : 400 000 kilomètres carrés au total, soit plus que l'Allemagne actuelle. Ce territoire formait à l'origine une immense « prairie » semi-aride, couverte d'herbe, à peu près sans arbres, traversée par les troupeaux de bisons. À vrai dire, le Dust Bowl s'est même fait sentir au-delà des Grandes Plaines. Le 11 mai 1934, un tsunami de sable d'une hauteur de 3 kilomètres s'est propagé jusqu'à la côte est, couvrant de cendres le Capitole et la statue de la Liberté.

Une thèse toujours débattue veut que le Dust Bowl fut principalement dû à la fragilisation des sols labourés par des agriculteurs venus s'installer en masse avec l'aide de l'État fédéral. Elle a été popularisée par un documentaire en quatre épisodes produit en 2012 par Ken Burns. La réalité est complexe. Un quart ou un tiers seulement des Grandes Plaines était cultivé en 1930, le reste étant largement consacré à l'élevage. Il est vrai qu'une fraction des derniers nouveaux venus, poussés par la Grande Dépression, était composée d'urbains n'ayant aucune compétence agricole. Mais cela ne suffit pas à expliquer la catastrophe. Nous savons aujourd'hui que les Grandes Plaines ont été le théâtre de tsunamis de particules terreuses dès la première moitié du siècle précédent, avant toute implantation agricole. Le Dust Bowl a sans nul doute été favorisé par des pratiques agricoles inconséquentes, mais l'événement est clairement lié à plusieurs années d'une sécheresse aussi sévère qu'étendue, accompagnée par une forte hausse des températures.

La sécheresse débute à l'été 1930, l'année suivant le krach. Le déficit de précipitations est de 15 % à 25 % en moyenne pendant toute la décennie. En 1934, la région la plus touchée par le Dust Bowl connaît un déficit de 53 %. Et il fait chaud, très chaud, au point que plusieurs records de température dans les Grandes Plaines n'ont pas été battus par les plus grosses chaleurs de ces dernières années (49 °C dans l'Oklahoma et le Kansas en 1936). Les pluies reviennent en 1942 mais l'impact sur les cultures est tel que les États-Unis doivent importer du blé.

Il s'agit d'une sécheresse sans précédent dans l'histoire des États-Unis, mais pas dans celle de l'Amérique du Nord, qui avant l'installation des Européens en a connu de plus sévères encore. Pris entre les influences du Pacifique et de l'Atlantique, cet immense pays a connu des sécheresses à répétition, dont certaines se sont étalées sur des décennies. La mieux étudiée est celle qui a conduit à la dispersion des Pueblos, à la fin du XIIIe siècle. Les Pueblos sont une civilisation extraordinaire, dont on peut visiter les restes dans le parc national de Mesa Verde (Colorado). Dès l'époque de Charlemagne ils ont construit des maisons dans des cavernes à flanc de falaise. Il en reste environ 600 aujourd'hui, dont un immense « palais » construit à partir de la fin du XIIe siècle. Les Pueblos étaient des chasseurs-cueilleurs mais vivaient aussi d'une agriculture de subsistance fondée sur le maïs, les haricots et les courges. Victimes d'une sécheresse terrible qui s'est étalée sur deux décennies, entre 1276 et 1297, ils ont complètement déserté leur habitat. Aujourd'hui même le Sud-Ouest américain éprouve une sécheresse dont la durée est déjà le double de celle du Dust Bowl.

Fonte des glaciers

Ce dernier est aussi l'occasion d'introduire un sujet sensible. L'événement s'insère en effet dans plusieurs décennies d'un réchauffement à certains égards comparable au réchauffement actuel, alors que l'influence des émissions de gaz à effet de serre était encore faible. Pour rester aux États-Unis, le physicien Steven Koonin a constaté que selon les rapports officiels la température moyenne la plus haute calculée à partir des relevés des stations sur les 48 États continentaux a non seulement fortement augmenté entre 1920 et 1940 mais s'est établie à un niveau supérieur à celui de ces dernières années. Contrairement à ce qu'on pourrait croire, l'analyse des stations américaines depuis 1895 montre que la tendance générale est plutôt à la baisse des températures estivales maximales. C'est dire que la période du Dust Bowl fait rétrospectivement figure d'exception.

Il s'agit d'une exception dans le temps mais non dans l'espace, car la hausse des températures moyennes entre 1920 et 1940 concerne l'ensemble de l'hémisphère Nord. Elle est attestée au Groenland. Elle explique qu'un brise-glaces soviétique, le *A. Sibiryakov*, ait pu pour la première fois en 1932, sans devoir s'arrêter pour hiberner, naviguer depuis Mourmansk, près de la Finlande, jusqu'à Vladivostok en passant par le détroit de Béring. À l'aéroport du Svalbard, un archipel situé entre la Norvège et le pôle Nord, l'hiver est alors moins froid que lors de la forte poussée de chaleur de la fin du XXe siècle. Et comme l'Atlantique nord se réchauffe, les populations de morues se déplacent vers les mers arctiques. Le rythme d'augmentation du niveau des mers s'accélère, dopé par la fonte des marges de la calotte glaciaire groenlandaise et celle des glaciers continentaux.

Le plateau tibétain (2,5 millions de km^2) se réchauffe, que ce soit au nord-est, côté chinois, à plus de 2 200 mètres d'altitude, ou à Lhassa, dans la partie centrale, à 3 650 mètres. Un réchauffement abrupt est relevé dans une station soviétique au nord-ouest du plateau entre 1935 et 1940, à plus de 2 000 mètres d'altitude. La hausse est nette dans les relevés de températures chinois, un peu moins nette au Japon, où cependant deux années de cette période sont marquées par une floraison exceptionnellement précoce des cerisiers. L'URSS connaît dans les années 1930 une série de sécheresses catastrophiques qui affectent tout l'ouest de la fédération, de l'Ukraine à l'Oural. C'est l'époque du sinistre Holodomor, la famine ukrainienne en partie imputable aux décisions de Staline. En France la période s'inaugure par des relevés exceptionnels en 1921 dans l'est du pays : plus de 40 °C à Besançon et Moulins, plus de 41 °C à Chaumont et

Vesoul, près de 45 °C à Bourg-en-Bresse. Dans le massif du Mont-Blanc, le glacier des Bossons, connu pour sa réactivité, montre une forte régression vers 1950, témoin du réchauffement précédent. En Europe, la hausse est dans l'ensemble plus marquée pour les températures d'été que celles d'hiver.

La fin du Petit Âge glaciaire est souvent présentée comme ayant eu lieu vers le milieu du XIXe siècle, car c'est le moment où les glaciers alpins commencent à décroître. Mais l'évolution des glaciers est parfois davantage liée à celle de la pluviosité qu'à celle des températures, et en l'occurrence la césure des années 1850 peut s'interpréter comme le passage de décennies de forte pluviosité à des décennies de moindre pluviosité. Et même si l'on observe des records de chaleur en Europe au cours de certains étés, comme en 1858, 1868 ou encore 1893, les températures moyennes restent fraîches jusqu'au début du XXe. En Europe, la décennie qui va d'octobre 1881 à janvier 1893 est très fraîche, observe l'historien suisse Christian Pfister. Il en va de même des années 1902 et 1903. Le régime des pluies reste aussi passablement chaotique. En 1910 la Seine connaît sa plus forte inondation depuis le cœur du Petit Âge glaciaire en 1658. Pendant la guerre des tranchées, l'hiver 1916-1917 est glacial : –15 °C à Paris. Et après le réchauffement des années 1920-1940, un nouveau refroidissement s'installe, particulièrement sensible – au point qu'une bonne partie de la communauté scientifique sonne le tocsin : notre interglaciaire s'achève, un nouvel âge glaciaire arrive !

21

La prochaine glaciation

Où rétrospectivement l'on s'étonne, dans la foulée du refroidissement survenu dans les années 1950-1960, de voir une noria de climatologues alerter sur le risque d'un prochain retour à l'âge glaciaire.

L'Histoire est l'ironie en marche, le ricanement de l'Esprit à travers les hommes et les événements.

CIORAN, *Précis de décomposition*, 1949

C'était il y a un demi-siècle. En 1968, l'année du massacre de My Lai au Vietnam et de l'intervention des chars soviétiques à Prague, Paul Ehrlich, professeur de biologie à Stanford, publie *La Bombe P* (P pour « population »), dans lequel il annonce : « La bataille de la population est perdue. Dans les années 1970 des centaines de millions de gens mourront de faim… » Le livre se vend à deux millions d'exemplaires. Cette même année est créé le Club de Rome, réunissant soixante-dix « experts ». Fondé sur un modèle informatique, son premier rapport, publié en 1972, préconise la décroissance. Le comité exécutif du Club écrit : « Le cœur du problème n'est pas seulement de savoir si l'espèce humaine va survivre, mais plus encore si elle peut survivre sans tomber dans un état d'existence indigne. » Le rapport se vend à quatre millions d'exemplaires. Un second rapport suit en 1974 : « Le monde a un cancer et ce cancer c'est l'homme. »

Dans les prochains siècles

Moins connu : en janvier 1972 se tient à Rhode Island, aux États-Unis, un colloque scientifique sur le thème « Le présent interglaciaire : comment et quand va-t-il s'achever ? ». Le colloque réunit une vingtaine de chercheurs. Une vingtaine d'autres avaient envoyé leur contribution. Beaucoup d'Américains, mais aussi un Canadien, un Anglais, deux Suédois, un Allemand, un Italien et plusieurs « Tchécoslovaques », de l'Académie des sciences de Prague. À l'époque, les chercheurs qui publient sur les questions de climatologie se comptent en centaines ; selon une récente estimation ils sont aujourd'hui de l'ordre de 70 000. Le colloque fait l'objet d'un compte rendu de deux pages dans *Science*, la plus cotée des revues scientifiques internationales. Il est signé par les deux organisateurs du colloque, G. J. Kukla, de l'Académie des sciences de Prague, et R. K. Matthews, du département des sciences géologiques de l'université Brown aux États-Unis. On y lit ceci : « La majorité des participants sont tombés d'accord [pour dire que] la fin naturelle de notre époque chaude est incontestablement proche à l'échelle des temps géologiques […]. On doit s'attendre à un refroidissement global […] dans les prochains millénaires ou même les prochains siècles. » Il s'agissait seulement de la majorité des participants, parce que certains pensaient déjà que l'augmentation de la teneur de l'atmosphère en gaz carbonique, attestée depuis les années 1960, allait contrecarrer la tendance au refroidissement et entraîner une tendance contraire.

Refroidissement

À l'appui de leur diagnostic, les scientifiques invoquent le refroidissement alors constaté, qui « inverse la tendance au réchauffement des années 1940 ». Un refroidissement particulièrement sensible dans les régions « arctiques et subarctiques ». Ainsi, de la neige pérenne s'est installée sur la grande île Baffin, entre le Canada et le Groenland, dans des zones privées de neige en été lors des trente ou quarante années précédentes. Autour de l'Islande, la banquise est à nouveau « une gêne sérieuse pour la navigation ». Le refroidissement se manifeste aussi à des latitudes moins élevées : « Des animaux aimant le chaud, comme le tatou, qui avait progressé vers le nord du Midwest américain dans la première moitié du siècle, font maintenant retraite vers le sud. »

De fait, le refroidissement est sensible dans tout l'hémisphère Nord, de l'Europe à la Chine. En 1956, la lagune gèle à Venise et en France les ceps gèlent. En Europe non méditerranéenne, l'hiver 1962-1963 est le plus froid du siècle. Le lac de Constance se fige. En Angleterre, c'est l'hiver le plus froid depuis 1740. À Oxford, on traverse la Tamise en voiture. Au zoo de Paignton au sud des Cornouailles, les gardiens se relaient pour empêcher les singes de franchir la fosse gelée. En France, le bassin d'Arcachon est « pris par les glaces sur près de deux kilomètres », écrit Le Roy Ladurie, qui relève aussi : « banquise étendue de Dunkerque aux plages belges ». Je me souviens avoir vu à Paris la Seine charrier des blocs de glace. Comme en 1856 les blés en herbe gèlent. Sept ans plus tard, un mois de décembre 1969 exceptionnellement froid avive la « grippe de Hong Kong », cause d'un fort pic de mortalité en France et en Angleterre.

Un mini-retour du Petit Âge glaciaire, en quelque sorte. S'agit-il d'un phénomène naturel ? Serait-il dû aux émissions d'aérosols provenant de l'industrie ou accentué par elles ? La discussion est engagée. Et les alertes au *global cooling* se multiplient. L'année précédant le colloque de 1972, Paul Ehrlich et le jeune physicien John Holdren, qui venait d'obtenir son doctorat à Stanford et deviendra bien plus tard le conseiller d'Obama pour la science, mettent en garde dans un livre contre l'arrivée d'un « nouvel âge glaciaire », comprenant le risque d'un « soudain glissement de la calotte glaciaire antarctique, induit par une surcharge de glace, pouvant créer un tsunami de proportions sans précédent historique ». À ce nouvel âge glaciaire succéderait dans un avenir indéterminé une catastrophe de signe inverse, provoquée cette fois par un réchauffement induit par « l'énergie relâchée par les combustibles fossiles et nucléaires » (*sic*).

Un rapport de la CIA

Cette même année, deux chercheurs de la NASA, S. Ichtiaque Rasool et Stephen Schneider (lequel avait contribué au colloque de Rhode Island), publient dans *Science* un article concluant, après calculs, que la baisse de la température globale à attendre de l'augmentation de la densité d'aérosols dans l'atmosphère l'emportera de beaucoup sur le réchauffement à attendre de l'augmentation du gaz carbonique : « Un accroissement seulement d'un facteur 4 de la concentration moyenne d'aérosols peut suffire à entraîner une baisse de température de 3,5 degrés. Si une telle baisse se maintient sur une période de plusieurs années sur l'ensemble du globe, elle est considérée comme suffisante pour déclencher un âge glaciaire. » En 1976, Stephen Schneider, qui devait plus tard devenir l'un des hérauts de la lutte contre le réchauffement, vante les mérites d'un livre intitulé *The Cooling : Has the Next Ice Age Already Begun ? Can We Survive It ?* Entre-temps le flambeau de la thèse du refroidissement a été repris par le département d'études environnementales de l'université du Wisconsin. Lequel est parvenu à convaincre les autorités américaines de l'urgence de la situation. Juste avant la démission de Nixon, en 1974, la CIA rédige un rapport qui s'ouvre par cette phrase : « Les principaux climatologues du monde occidental ont confirmé les récentes observations d'un changement climatique global dommageable. » Il ne s'agit pas de réchauffement mais d'un retour aux conditions du Petit Âge glaciaire, un climat de type « néo-boréal », écrit le rapport. Lequel filtre, bien sûr. Des articles reprenant la thèse du *global cooling* paraissent dans la presse, notamment *Newsweek, Time* et le *New York Times*. La télévision s'en saisit.

L'hiver nucléaire

Les températures étant redevenues clémentes, la thèse du refroidissement global s'effrite – d'autant que l'augmentation persistante du taux de gaz carbonique dans l'atmosphère lui met du plomb dans l'aile. Mais le relais est pris, quasiment dans la foulée, par un autre sujet qui déclenche une grande excitation : le risque d'un « hiver nucléaire » (*nuclear winter*). En 1977, Paul Ehrlich, encore lui, écrit dans un livre savant qu'une guerre nucléaire risque de polluer l'atmosphère au point de « mener Homo sapiens à l'extinction ». En 1982, le chimiste de l'atmosphère Paul Crutzen développe dans une revue scientifique l'idée qu'une guerre nucléaire risque de faire sombrer le monde dans une pénombre glacée. Deux découvertes alimentent la thèse : l'extinction des dinosaures serait due à un astéroïde qui aurait plongé l'atmosphère terrestre dans un nuage d'aérosols ; un nuage de poussières sur Mars en a refroidi l'atmosphère. En 1983 paraissent dans la revue *Science* deux articles imposants signés d'un grand nombre de sommités scientifiques alertant sur le risque d'un *nuclear winter*.

Paul Ehrlich fait partie des signataires, aux côtés de Stephen Jay Gould (pour les aspects biologiques) et de l'astrophysicien Carl Sagan. Étayé par des modèles numériques, le premier article conclut que les survivants d'un cataclysme nucléaire seront confrontés à une réduction drastique de la luminosité et à des températures « pouvant atteindre –15 °C à –25 °C » pendant plusieurs mois. Le second article conclut que « la taille de la population d'Homo sapiens pourrait être réduite à ses niveaux préhistoriques ou en dessous » et que « l'extinction de l'espèce humaine ne saurait être exclue ». Le retentissement médiatique est considérable. Tous ces sujets seront éclipsés à partir de 1988 par la thèse de la menace d'un réchauffement climatique sans précédent.

Il est de bon ton, parmi les climatologues actuels, d'affirmer que la thèse d'un *global cooling* n'a jamais été vraiment prise au sérieux par la profession, qu'elle a été montée en épingle par des journalistes sensationnalistes, voire qu'elle est un « canular », comme le soutient Michael Mann, l'auteur de la fameuse courbe en crosse de hockey censée avoir démontré en 1998 une hausse sans précédent des températures dans la seconde moitié du XXe siècle. Mais en règle générale les journalistes n'inventent rien ; ils se font l'écho, parfois amplifié, de ce que leur disent les scientifiques avec lesquels ils entrent en contact, qui les contactent ou qu'ils lisent. Et s'il est vrai que le lobby climatosceptique a fait ses choux gras de cette histoire, cela ne doit pas occulter la réalité. Il me semble l'avoir montré, la thèse a été développée avec le plus grand sérieux par bon nombre de climatologues tenant le haut du pavé, et certains ont joué la carte du catastrophisme le plus débridé.

Autres sons de cloche

Soyons juste. Les climatologues présents à Rhode Island concluaient aussi que « le savoir nécessaire pour comprendre le mécanisme du changement climatique reste lamentablement inadéquat ». Les sciences du climat en étaient à leurs premiers balbutiements. L'un des participants au colloque, Cesare Emiliani, écrivait : « La pollution par le CO_2 et celle par les aérosols produisent des effets contraires [...]. Leur impact relatif est mal compris et l'effet en résultant est inconnu [...]. En l'absence de l'homme, le présent interglaciaire doit s'achever [...]. Les activités de l'homme peuvent soit précipiter ce nouvel âge glaciaire, soit conduire à une fonte substantielle voire totale des calottes polaires. » Et la même année, un autre participant, J. Murray Mitchell Jr, publiait un article concluant : « L'impact des activités humaines sur le climat dans les prochaines décennies et les prochains siècles est très probablement un réchauffement, et par conséquent favorable à la perpétuation du présent interglaciaire. »

Depuis lors, la plupart des climatologues, se fondant sur des modélisations, repoussent de beaucoup l'arrivée de la prochaine glaciation. Selon les auteurs, le terme est fixé à 55 000, 65 000, voire 100 000 ans. Certains pensent même, comme déjà Mitchell en 1972, que la hausse des gaz à effet de serre, qui va se prolonger, aura un effet « irréversible », empêchant un nouveau cycle glaciaire de survenir.

Seules quelques voix dissidentes se font entendre. Je n'ai pas la compétence pour en juger mais il me paraît utile de le mentionner. Le physicien danois Henrik Svensmark considère, avec d'autres, que les variations du Soleil continuent de jouer un rôle significatif et donc qu'un refroidissement ne saurait être exclu. Il a développé une théorie certes contestée mais publiée dans les meilleures revues selon laquelle l'activité du Soleil interfère avec les rayons cosmiques issus de l'explosion d'étoiles, jets de particules qui influencent la couverture nuageuse. « Nous nous attendons à ce que l'activité solaire refroidisse la Terre, ce qui pourrait expliquer pourquoi la température globale n'augmente pas », a-t-il par exemple déclaré en 2018. Dire que la température globale n'augmente pas semble hérétique ; c'est fondé sur l'évolution de la température mesurée non par les stations au sol et en mer, réparties inégalement et parfois sujettes à caution, mais par satellite. Les satellites mesurent la température de la troposphère, la couche la plus basse de l'atmosphère – celle située en gros au-dessous de l'altitude de l'Everest. Moyennée sur treize mois, la température mesurée indique une tendance à la hausse depuis 1979, mais avec des variations très sensibles, voire spectaculaires, qui au cours des dernières années ont pu être interprétées, à tort ou à raison, comme un plafonnement de la tendance à la hausse.

22

E.T. et le climat

Où un petit homme vert pose un regard décomplexé sur le voile d'ignorance qui empêche encore les Terriens de bien saisir les mécanismes profonds à l'œuvre dans les changements climatiques.

Car mon langage à moi, il est toujours le même :
c'est que je ne sais pas de science certaine
ce qu'il en est de tout cela.

SOCRATE (*in* PLATON, *Gorgias*, 509a)

L'exercice auquel je me livre dans ce dernier chapitre ne doit pas être interprété comme une marque de mauvais esprit. Je veux simplement souligner que la science ne permet pas encore d'expliquer pleinement les causes des changements climatiques du passé. N'étant pas un scientifique et n'ayant nulle prétention en la matière, je m'appuie sur ce que des spécialistes de haut niveau ont écrit dans les années récentes. Je le fais en reprenant l'ordre des chapitres, ce qui devrait contribuer à les lester.

Dans l'avant-propos, j'évoque d'abord le refroidissement de la Terre qui s'est engagé vers 45 millions d'années. Comme les autres planètes, la Terre perd progressivement de son énergie thermique initiale (elle s'est formée il y a 4,5 milliards d'années) et se refroidit. C'est la poursuite de ce refroidissement qui est à l'origine de la tectonique des plaques et du volcanisme. En raison de l'extrême complexité des mécanismes en cause, cette tendance s'est traduite paradoxalement dans certaines périodes par un réchauffement global de grande ampleur. La fameuse extinction des dinosaures, vers 66 millions d'années, s'est produite vers la fin de l'une de ces périodes chaudes. À l'époque, les pôles étaient libres de glace et la température des océans était de l'ordre de 35 °C. Dix millions d'années plus tard, une nouvelle période chaude se produit, qui dure environ 100 000 ans et provoque une grande extinction d'espèces. Beaucoup de ces changements restent « obscurs et controversés », note le climatologue américain Stephen T. Jackson, à qui l'*Encyclopaedia Britannica* a confié la rédaction d'un article sur le sujet. Il observe aussi que depuis l'extinction des dinosaures la concentration de gaz carbonique dans l'atmosphère « a varié de façon substantielle, pour des raisons mal comprises ». Un travail de recherche tout récent conclut que le manteau terrestre se refroidit plus vite qu'on ne le pensait.

Rien n'est simple

À des échelles de temps moins colossales mais tout de même considérables au regard de l'horizon humain, ce sont davantage les influences des mouvements orbitaux qui impactent le climat. Il s'agit de dynamiques bien connues, propres à toutes les planètes, mais dont la conjonction est complexe, et leur impact sur le climat reste souvent difficile à interpréter. Il y a d'abord les variations de l'orbite de la Terre autour du Soleil. L'orbite est presque circulaire mais prend une forme plus ou moins elliptique en fonction de la force d'attraction gravitationnelle des autres planètes. Ces variations forment un cycle de 100 000 ans, qui lui-même varie tous les 200 000 ans, un cycle dont la répétition en forme un autre, de 400 000 ans. On l'appelle l'excentricité. À ces échelles de temps, la Terre est donc plus ou moins éloignée du Soleil, qui la chauffe de manière inégale selon les époques. La planète allant plus vite quand elle est proche du Soleil, elle en reste plus longtemps éloignée que proche. Il y a ensuite les variations de l'inclinaison de l'axe de rotation de la Terre sur son orbite. C'est ce qui explique les saisons dans les régions éloignées de l'équateur. L'angle de cette inclinaison varie suivant un cycle qui évolue dans le temps mais dont la moyenne est de 40 000 ans. C'est l'obliquité. Plus l'angle de l'inclinaison est grand, plus le contraste entre les saisons est élevé. En outre la Terre tourne sur elle-même comme une toupie, en vacillant légèrement, suivant un cycle d'environ 26 000 ans, et l'ellipse elle-même suit un vaste mouvement tournant de même type, suivant un cycle de 112 000 ans ; la résultante de ces deux derniers cycles en est un autre, très influent, allant de 19 000 à 23 000 ans en moyenne. On l'appelle la précession. Les interactions entre ces trois cycles sont inextricables et les appréhender dans leurs subtilités n'est pas à la portée du premier venu.

« Même aujourd'hui, les processus par lesquels ces cycles orbitaux s'expriment dans le climat sont loin d'être clairs et font l'objet de recherches intensives », écrit l'Américain Raymond T. Pierrehumbert dans son imposant manuel de « climatologie planétaire ». Nous vivons un interglaciaire et j'ai évoqué l'importance probable des interglaciaires précédents dans l'évolution du genre humain et des sorties d'Afrique (chapitres 1, 2 et 5). D'après un rapport récent publié dans *Review of Geophysics*, les cycles orbitaux ne suffisent pas à expliquer par quel processus se déclenche un interglaciaire ni ce qui détermine sa durée et son intensité. Cela reste une question ouverte.

Tout se complique

Dans l'avant-propos, je relève que vers un million d'années (plutôt 800 000, en fait) les cycles glaciaires changent de rythme, passant d'une moyenne de 41 000 ans (ou 40 000, selon les auteurs) à une moyenne de 100 000. Notre interglaciaire s'inscrit toujours, en principe, dans ce cycle de 100 000 ans. Or ce changement de cycle reste incompris. C'est un trou noir de la climatologie. « La réponse au mystère des âges glaciaires se trouve quelque part dans les interactions entre la glace, l'océan, le CO_2 ; mais comment le système génère ses miracles pour produire un cycle de 100 000 ans demeure inconnu », écrit Pierrehumbert. « C'est l'un des grands défis de la paléoclimatologie », confirme en 2019 dans *Nature* le climatologue britannique Eric Wolff, de Cambridge. Ce mystère est étroitement dépendant d'un autre : « L'origine du cycle du CO_2 associé à l'alternance glaciations-interglaciaires est inconnue », écrit Pierrehumbert.

Si je resserre un peu les échelles de temps, les méga-sécheresses qui ont affecté l'Afrique orientale à l'époque des premiers pas de Sapiens (chapitre 1) sont un bon exemple du degré de complexité auquel les climatologues sont confrontés pour expliquer certains changements climatiques. La précession joue un rôle majeur dans les variations du climat équatorial en ce qu'elle contribue à déterminer l'intensité des moussons. Mais l'excentricité a un effet amplificateur sur le cycle de la précession. Et les variations de l'intensité du rayonnement solaire reçu aux latitudes élevées, dues à la conjonction entre l'obliquité et l'excentricité, ont aussi un impact sur le climat tropical. Pour tenter de comprendre ce qui s'est passé à l'échelle de ces méga-sécheresses millénaires, il faut aussi intégrer les interactions entre la variation du volume des glaces aux pôles, la température de surface des océans, leur mode de circulation et celui des vents. Un élément essentiel est la variation de la position d'une large bande de basses pressions qui entoure la Terre, oscillant de part et d'autre de l'équateur vers le nord et le sud en fonction des saisons. C'est la Zone intertropicale de convergence (ZIC), évoquée au chapitre 10. Ses mouvements peuvent être amplifiés d'une année sur l'autre mais aussi sur de très longues périodes, sous l'influence de la précession. Lorsque l'hémisphère Nord se refroidit, la position moyenne de la ZIC a tendance à être refoulée vers le sud, ce qui favorise la sécheresse plus au nord. Les spectaculaires méga-sécheresses africaines restent « un mystère », constate la paléoclimatologue américaine Margaret W. Blome.

Principal suspect

Quand Sapiens est arrivé en Europe, il s'est trouvé aux prises avec un climat non seulement très froid, au moins par épisodes, mais surtout étonnamment chaotique (chapitre 3). Si l'on prend l'intervalle entre l'arrivée présumée de Sapiens en Europe vers 40 000 avant Socrate et la fin des grottes ornées, vers 13 000 av. S., on observe, dans un contexte globalement froid, pas moins de onze remontées sensibles des températures et quatre pics de très grands froids. On pense avoir identifié la cause immédiate de ces derniers : des cassures de la calotte glaciaire recouvrant le nord de l'Amérique, entraînant la dérive d'énormes icebergs jusqu'aux côtes européennes. Ces icebergs, s'ajoutant à la banquise formée en hiver, auraient bloqué la remontée vers le nord des courants chauds qui normalement contribuent à attiédir l'Europe en hiver. Les épisodes de remontée des températures au-dessus de la moyenne (il s'agit de hausses de l'ordre de 5 °C à 16 °C) se produisent soudainement, à un rythme voisin de 1 500 ans. Leurs mécanismes restent mal compris.

Ils semblent également liés à une modification de la circulation des courants dans l'Atlantique nord – encore que, pour certains scientifiques, ce sont moins les courants océaniques (le « Gulf Stream ») qui viennent attiédir l'Europe que les flux atmosphériques. Le principal suspect permettant d'expliquer le chaos de l'âge glaciaire reste le Soleil, dont la « dynamo » connaît des cycles qui se superposent à ceux des mouvements orbitaux évoqués ci-dessus.

Mécanismes obscurs

On l'a vu aux chapitres 4, 5 et 6, notre cher holocène s'est installé après deux changements aussi abrupts que radicaux, le réchauffement du Bølling, amorcé vers 12 300 av. S., et le cataclysme glacial du dryas récent, déclenché vers 10 360 av. S. Si l'on intègre le non moins soudain et radical réchauffement qui a présidé aux débuts de l'holocène lui-même, vers 9 300 av. S., le tout forme un spectaculaire coup de ciseaux, sans précédent connu. Le Bølling est manifestement initié par les mouvements orbitaux. La Terre s'est rapprochée du Soleil, dont le rayonnement a copieusement arrosé l'hémisphère Nord en été. Cela a sans doute entraîné une fonte partielle des calottes glaciaires non seulement arctique mais aussi antarctique. Cependant les mécanismes précis restent obscurs. Les causes du refroidissement brutal du dryas ne font pas non plus l'objet d'un consensus. Le réchauffement de l'holocène s'inscrit dans le prolongement de celui du Bølling, mais le passage du chaos de l'âge glaciaire à la période incomparablement plus stable que nous vivons encore aujourd'hui reste une question non résolue, souligne Pierrehumbert.

Les millénaires de Sahara « vert » évoqués au chapitre 6 sont déclenchés par les mouvements orbitaux, l'insolation dans l'été de l'hémisphère Nord atteignant un pic vers 8 000 av. S. L'explication classique est que cela a entraîné un déplacement de la ZIC vers le nord, assurant un arrosage abondant. Le retour à la sécheresse à partir de 2 000 av. S. coïncide avec une baisse de l'insolation qui déplace la ZIC vers le sud. Les choses sont sans doute plus compliquées. Si cette explication suffisait, on devrait en effet observer un mouvement inverse dans l'hémisphère Sud. Or contrairement à ce qu'on croyait encore récemment, en Afrique la zone symétrique dans l'hémisphère Sud (dont fait partie l'actuel désert de Namibie) a connu une évolution semblable à celle du Sahara : des millénaires d'humidité suivis par un dessèchement progressif. Il faut donc croire que les déplacements de la ZIC ne sont pas seuls en cause. Les chercheurs se perdent en conjectures, certains invoquant le rôle du champ magnétique terrestre.

Autre question non résolue : on observe un décalage de plusieurs millénaires entre le moment du pic d'insolation et l'installation du Sahara vert. Ce surprenant effet retard se voit aussi au Proche-Orient et en Europe, où le pic de températures est atteint seulement vers 5 000 av. S. (chapitres 7 et 8). Cela illustre le fait qu'au-dessous d'une certaine échelle de temps les variations orbitales sont modulées par quantité d'autres facteurs : interactions mal comprises entre le volume des glaces terrestres, les cycles végétaux, le stockage de la chaleur par l'océan profond, le cycle du CO_2, les caprices du Soleil, etc.

Grandes oscillations

Quand on entre dans les temps historiques, ici à partir du chapitre 8, interviennent des phénomènes cycliques de période plus courte mais de grande influence, qui font l'objet de recherches intensives parce qu'on les comprend mal. L'origine de la vague de sécheresse qui a mis à mal le royaume d'Akkad, Sumer et l'ancien royaume égyptien (elle a également frappé l'Amérique du Nord et l'Asie) reste controversée : « Il n'y a pas de consensus pour l'expliquer », conclut l'archéologue américain Harvey Weiss.

Le plus connu des phénomènes en cause est El Niño, une modification des rapports de chaleur entre l'ouest et l'est du Pacifique équatorial. Le déséquilibre ainsi créé a des répercussions sur une bonne partie de la planète, depuis le continent américain jusqu'à l'océan Indien, en passant par la Chine et le Japon. De nos jours El Niño se déclenche suivant un rythme de deux à sept ans, mais dans le passé le phénomène pouvait durer plus longtemps. Les premières manifestations identifiées par certains scientifiques remontent à la période du maximum glaciaire, avec un impact sur le continent africain ; elles se sont ensuite estompées pour reprendre mystérieusement vers 3 000 av. S. L'impact d'El Niño a été associé aux grandes sécheresses qui ont présidé à l'effondrement des civilisations évoquées dans les chapitres 8 et 9, à l'abandon des temples mayas et khmers (chapitres 11 et 14), à l'irruption de la peste noire (chapitre 15), aux tourments du Petit Âge glaciaire (chapitres 15, 16 et 17), aux troubles climatiques concomitants de la Révolution française (chapitre 18), à la famine irlandaise et au déclenchement des épidémies de choléra (chapitre 19).

Les déterminants du cycle El Niño font l'objet de débats. D'autant que cette oscillation interfère avec d'autres, moins connues : l'Oscillation décennale du Pacifique (ODP), l'Oscillation antarctique, le Dipôle de l'océan Indien, l'Oscillation atlantique multidécennale (OAM), l'Oscillation nord-atlantique (qui contrôle les vents d'ouest arrosant le continent européen), l'Oscillation arctique. Ces amples variations de température de surface de la mer et des courants marins et atmosphériques opèrent selon des rythmes différents et eux-mêmes variables. Le rythme de l'ODP est d'environ quarante ans. Celui de l'OAM va de quarante ans à plus d'un siècle. L'origine de ces oscillations et leur impact sur le climat, à l'échelle régionale et souvent davantage, demeurent un sujet de recherche. Selon le physicien américain Steven Koonin, il est « presque certain » que d'autres oscillations à plus long terme restent à découvrir.

Une science jeune

Les éruptions volcaniques, qui restent imprévisibles, jouent aussi les trublions (chapitres 1, 10, 11, 12, 16 et 19). Des éruptions cataclysmiques sont susceptibles d'impacter l'ensemble de la planète sur deux, trois ans, peut-être plus. Moins connu, un lien a été exploré entre des éruptions majeures de type explosif et le déclenchement d'un événement El Niño. Il y a aussi des périodes d'éruptions volcaniques en série, s'étalant sur plusieurs années, voire des décennies, dont l'effet cumulé est sensible. Ce fut sans doute le cas lors de la fin de l'Empire romain. Il en va peut-être de même des années de transition entre l'optimum médiéval européen et l'entrée dans le Petit Âge glaciaire. Cinq éruptions importantes, dont deux de très grande ampleur, ont en effet été identifiées : 1257-1258 (en Indonésie), 1269, 1276, 1280 (en Équateur) et 1286.

À tout seigneur tout honneur. Pour clore cette rapide discussion, il me faut revenir au Soleil. Dans son livre savant sur la transition entre l'optimum médiéval et le Petit Âge glaciaire, l'historien Bruce Campbell y attache une grande importance. Je le cite : « Les périodes de températures globales réduites ont tendu à coïncider avec une irradiation solaire diminuée et peu ou pas du tout de taches solaires. Ainsi durant le minimum de Oort (vers 1010-1050), le minimum de Wolf (vers 1292-1342), le minimum de Spörer (vers 1416-1534), le minimum de Maunder (vers 1654-1714) et le minimum de Dalton (vers 1790-1830). » Inversement, les périodes d'irradiation généreuse et de forte activité des taches solaires sont « associées à un réchauffement global ». Pour mémoire, les taches solaires, sur la nature desquelles je ne saurais m'étendre, varient suivant le mieux connu des cycles de notre astre familier, d'une durée de onze ans.

Pour finir, un mot sur le réchauffement des années 1920-1940 et le refroidissement subséquent : on en ignore les causes, si bien que les modèles peinent à les reproduire. La climatologie est une science jeune. Elle a de beaux jours devant elle.

Voilà. Vous savez tout, ou presque.

Épilogue

The longer you can look back,
the farther you can look forward.

Winston CHURCHILL,
discours prononcé en mars 1944

« Dans le Médoc, le long de la mer, mon frère, le sieur d'Arsac, voit une de ses terres ensevelie sous les sables que la mer vomit devant elle ; le faîte de certains bâtiments apparaît encore ; ses fermes et ses domaines se sont changés en pacages bien maigres. Les habitants disent que, depuis quelque temps, la mer s'avance si fort vers eux qu'ils ont perdu quatre lieues de terre. Ces sables sont son avant-garde et nous voyons de grandes dunes de sable mouvant qui marchent à une demi-lieue devant elle et gagnent le pays. » Si je cite ce texte de Montaigne, écrit à la fin du XVIe siècle, en pleine offensive du Petit Âge glaciaire, c'est pour attirer l'attention sur un trait de notre époque : ce que l'historien François Hartog appelle le présentisme. Nous vivons tellement au présent (nourri de prédictions) que la plupart d'entre nous oblitérons le passé, l'ignorons, ou le réduisons à quelques jalons mal informés, propagés par des clichés. En matière de climat, l'un des clichés les plus irritants est la formule « sans précédent », qui accompagne tant d'« informations » diffusées par les médias. Les journalistes (et parfois les climatologues qui les instruisent) feraient bien de regarder à deux fois avant de l'asséner.

Au regard des crises climatiques auxquelles Sapiens puis l'homme moderne ont été confrontés, nous vivons aujourd'hui un optimum. Je dis cela de façon tout à fait objective, sans recherche de paradoxe. Nous bénéficions d'une époque particulièrement privilégiée au sein même des millénaires de stabilité relative qui ont suivi le chaos du dernier âge glaciaire, du temps des grottes ornées.

Dans le cadre de cet optimum bien compris, trois éléments sont cependant nouveaux. Le premier est que les pays riches ont acquis les moyens de lisser les microcrises climatiques qui les affectent ; ils ne sont plus sujets aux terribles souffrances alimentaires qui pouvaient encore les perturber au milieu du XIXe siècle et qui peuvent encore perturber les pays pauvres. Le second est qu'en raison de la conjonction entre les progrès de l'industrie et la croissance vertigineuse de la population mondiale, la concentration dans l'atmosphère des gaz à effet de serre que nous y injectons a atteint un niveau supérieur à tout ce que Sapiens a pu connaître depuis son arrivée sur terre. Ce qui conduit au troisième élément nouveau : nous vivons une crise climatique réellement sans précédent, en ce qu'elle se fonde non pas sur des bouleversements concrets entraînés par un changement climatique catastrophique, mais sur l'inquiétude générée par des scénarios élaborés par des spécialistes sur une crise à venir. Pour la première fois de sa longue carrière, Sapiens vit une crise climatique par anticipation.

À tort, ou à raison ? « Les prédictions peuvent être très difficiles – surtout concernant l'avenir », se plaisait à dire le physicien Niels Bohr. Il entendait ainsi opposer l'humour danois à l'esprit de sérieux des Suédois.

Bibliographie

Si j'avais dû recenser tous les articles scientifiques dont je me suis servi pour rédiger cet essai, il aurait triplé de volume.

Je me contente ici d'indiquer les ouvrages qui m'ont particulièrement inspiré.

Les lecteurs désireux d'en savoir plus ou d'engager une discussion peuvent m'écrire à olivpv@outlook.com. S'ils sont suffisamment riches, ces échanges pourront nourrir une nouvelle édition.

Wolfgang Behringer, *A Cultural History of Climate*, Polity, 2010

Jean-François Berger & al., *Des climats et des hommes*, La Découverte, 2012

Timothy Brook, *The Troubled Empire, China in the Yuan and Ming Dynasties*, Harvard University Press, 2013

John L. Brooke, *Climate Change and the Course of Global History, A Rough Journey*, Cambridge University Press, 2014

William J. Burroughs, *Climate Change in Prehistory*, Cambridge University Press, 2005

Bruce M. S. Campbell, *The Great Transition. Climate, Disease and Society in the Late-Medieval World*, Cambridge University Press, 2016

Eric H. Cline, *1177 avant J.-C. Le jour où la civilisation s'est effondrée*, La Découverte, 2015

Paul Collins, *The Sumerians*, Reaktion Books, 2021

Brian Fagan, *The Little Ice Age. How Climate Made History*, Basic Books, 2000, Afterword, 2019

Brian Fagan, *The Long Summer. How Climate Changed Civilization*, Basic Books, 2005

Jean-Michel Geneste et Boris Valentin, *Si loin, si près. Pour en finir avec la préhistoire*, Flammarion, 2019

Richard Grove et George Adamson, *El Niño in World History*, Palgrave Macmillan, 2018

Jean Guilaine, *Caïn, Abel, Ötzi. L'héritage néolithique*, Gallimard, 2011

Kyle Harper, *Comment l'Empire romain s'est effondré*, La Découverte, 2019

Jacques Le Goff, *L'Europe est-elle née au Moyen Âge ?,* Seuil, 2003

Emmanuel Le Roy Ladurie, *Histoire du climat depuis l'an mil*, Champs/Flammarion, 2 vol., 1983

Emmanuel Le Roy Ladurie, *Histoire humaine et comparée du climat*, Fayard, 3 vol., 2004-2009

Steven Mithen, *After the Ice. A Global Human History 20 000-5 000 BC*, Weidenfeld & Nicolson, 2003

Geoffrey Parker, *Global Crisis. War, Climate Change & Catastrophe in the Seventeenth Century*, Yale University Press, 2014

Raymond T. Pierrehumbert, *Principles of Planetary Climate*, Cambridge University Press, 2010

Alain Testart, *Avant l'histoire*, Gallimard, 2012

Harvey Weiss & al., *Megadroughts and Collapse, From Early Agriculture to Angkor*, Oxford University Press, 2017

Martin Williams, *When the Sahara Was Green*, Princeton University Press, 2021

Composition et mise en pages
Nord Compo à Villeneuve-d'Ascq

Achevé d'imprimer par
Normandie Roto Impression s.a.s.
61250 Lonrai (Orne)
N° d'imprimeur : 2204162
Imprimé en France